ちくま新書

東京五輪の大罪

・IOC

1620

本間 龍
Homma Ryu

東京五輪の大罪

——政府・電通・メディア・IOC

【目次】

序章

東京五輪、負の遺産《レガシー》

2021年8月8日、東京オリンピック（以下、東京五輪）が幕を閉じた。

世界的なコロナパンデミックの影響で、2020年3月24日に1年延期を発表して以来、日本政府、東京都、大会組織委員会（以下、組織委）は実施を目指して迷走を重ねた。開催直前、東京の新型コロナウイルス感染者は1日2000人を超えていて、多くの医療関係者が危惧を表明する中での、いわば強行開催であった。そして大会期間中（7月23日〜8月8日）には、感染者は1日5000人を超えるに至った。多くの重症患者が入院したくてもできない、医療崩壊が発生し、都内の感染者は5万4244人にのぼった。NHK発表の合計で7〜9月の死者は686人（都の対策サイトを計算すると817人）で、前年同期間83人の8倍以上。まさしく本土決戦のような惨状の中で、大会は開催されたのだった。

延期が発表された2020年3月24日まで、国内の主要メディアは五輪開催に沸き立っていた。テレビではスポンサー企業の似たようなCMが滝のように流れ、新聞や雑誌では、様々な競技のアスリートたちが取り上げられていた。自らスポンサーとなっていた全国紙(朝日・読売・毎日・日経・産経)は、連日のように翼賛記事を掲載していた。本書で取り上げる様々な問題をよそに、五輪の熱狂に国民を巻き込もうとしていたのだ。

その国家を挙げての熱狂に立ち塞がったのが、新型コロナ肺炎の世界的流行であった。2019年の11月頃から中国で始まった流行は、あっという間に全世界的なパンデミックとなり、あらゆる経済活動にストップをかけた。

2021年10月現在、組織委が発表している東京五輪の経費総額は1兆6440億円。だがこれ以外に、会計検査院が認めた税金投入は1兆600億円。東京都の関連経費8000億円を足せば3兆5000億円となり、夏季大会史上、最高額となっている。招致段階で「約7400億円で開催できる、史上もっともコンパクトな大会」というキャッチフレーズは完全な嘘であったことは、誰の目にも明らかになっていた。

〈大会予算の変遷・組織委発表〉

川崎市麻生区
水を汲む
朝の詩
産經新聞
令和2年(2020)日刊27848号
1月1日[水]
元日
産業経済新聞(サンケイ)
THE SANKEI SHIMBUN
購読のお申し込み 0120-70-3034
https://reader.sankei.co.jp/reader/
配達・集金などのお問い合わせ 0120-34-4646
紙面・記事へのご意見・ご質問 0570-046460
u-service@sankei.co.jp
元旦に健康願い養命酒!
日本は五輪で再生する
「つなぐ」と「集める」。
2020年東京五輪・パラリンピックの聖火リ
1964(昭和39)年東京五輪が示したように、
聖火には人々の心を一つに集め、
消えることのない記憶を次代につなぐ力がある。
7月24日の夜、新たな国立競技場にもそんな火
Light the Olympic flame
灯す
第1部 つなぐ
1 なぜ日本人は聖

2020年元旦の産経新聞１面

あなたの顔が
東京2020の
扉をひらく。

2020年元旦の応援広告（朝日新聞）

・Ｖ《ヴァージョン》１（２０１６年12月）１兆６０００億円～１兆８０００億円
・Ｖ２（２０１７年12月）１兆３５００億円（Ｖ１が批判され総額を圧縮）
・Ｖ３（２０１８年12月）１兆３５００億円
・Ｖ４（２０１９年12月）１兆３５００億円
・Ｖ５（２０２０年12月）１兆６４４０億円（１年延期で追加予算発生）

そして、１年延期後の２０２１年、新型コロナによる国内医療体制の逼迫や国民の不安を無視して強行開催されたことで、隠されていた五輪の闇の部分が白日の下にさらけ出され、日本人が持っていた五輪への淡い期待も散々に打ち砕かれた。準備期間中に盛んに喧伝された「アスリートファースト」「おもてなし」「五輪のレガシー（遺産）」などのスローガンも、空虚なプロパガンダであったことがはっきりしたのだ。

だが、東京五輪の本当の決算はこれからだ。開催にかかった最終的な金額は一体いくらなのか。なぜここまで野放図に膨張したのか。その責任は誰が負うべきなのか。大会が終わった今こそ、これらの疑問は徹底的に追及されなければならない。

†様々な問題が噴出

振り返れば、東京五輪には、実に様々な問題が指摘されてきた。その中から代表的な例をあげてみよう。

①招致活動における2億円の賄賂疑惑（フランス検察が現在も捜査中）

招致活動中、アフリカ諸国の票を買収するために、JOC竹田会長が2億円の資金をコンサル会社に送金していた。竹田氏は国会で賄賂の認識を否定したが、フランス検察の予審手続きを受け、退任に追い込まれた。

②安倍前首相が「福島原発はアンダーコントロール」と言明した欺瞞

招致において安倍前首相が11年に事故を起こした福島第一原発について、廃炉作業も進んでいないのに「アンダーコントロール」という嘘をついた。

③「7月の東京は温暖な気候」という明らかな嘘をついて招致

東京の7〜8月は、毎日、熱中症警報が出るほど危険なのに「この時期の天候は晴れる日が多く、かつ温暖であるため、アスリートが最高の状態で、パフォーマンスを発揮できる理想的な気候である」という嘘をついた。

④五輪エンブレム盗作問題

佐野研二郎氏が発表した五輪エンブレムに対し、ベルギーのリエージュ劇場がデザイン盗用であると抗議、発表からわずか1か月で使用中止に追い込まれた。

⑤「コンパクト五輪」のはずが、際限のない予算の肥大化

当初、東京だけで行うコンパクトで予算がかからない五輪を標榜していたが、最終的に1都3県に静岡・茨城・福島・宮城・北海道で試合を開催することになり、経費が際限なく増大した。

⑥ 新国立競技場建設をめぐる混乱と建設費用の増大
当初予定されていたザハ氏案では建設費が3000億円を超えると分かり、批判が殺到。安倍首相が乗り出して現在の隈研吾氏案となったが、それでも1569億円となった。

⑦ 神宮再開発による団地住民の強制退去
新国立競技場建設のため、200世帯以上が居住していた都営団地「霞ヶ丘アパート」が取り壊され、住民が強制退去させられた。

⑧ 11万人を超える無償ボランティア搾取
過去のボランティアも無償だったと嘘をつき、酷暑の下、11万人ものボランティアを無償で働かせようとしていた。

⑨ 「復興五輪」のはずが復興の妨げに
開催関連工事が東京に集中したことによって資材や人件費の高騰を生み、かえって復興の妨げとなった。

⑩ 選手村用地の不当廉売

東京都が地権者であった選手村用地を、都は約129億円で不動産会社など11社に譲渡。しかし、この譲渡価格が「不当に安価である」として都民33人が小池都知事らを東京地裁に提訴。裁判が始まっている。

⑪ 酷暑下の開催で選手・ボランティアに熱中症の危険性

真夏の無理な開催で、選手・観客・ボランティアなどすべての参加者に、熱中症の危険性が懸念されていた。

これらの問題点は、コロナ禍発生以前から指摘されていた。つまり、東京五輪はコロナ以前から解決されていない問題だらけであり、3兆円という、目もくらむばかりの税金を投入して開催するには値しないシロモノだったのだ。

✝さらけだされたグロテスクな実像

前述した様々な問題点に加え、2021年になってからは、組織委中枢の人物たちのスキャンダルが続発した。

2月12日、森喜朗組織委会長が、「女性の出席する理事会は時間がかかる」という女性蔑視発言で辞任に追い込まれた。その後継に森氏が川淵三郎評議委員（元Jリーグチェアマン）を指名しようとしてさらに世論の批判を浴びた。その後、組織委は評議会を開いて橋本聖子五輪担当相を後継に選出した。空席となった五輪担当相には、前任の丸川珠代氏が再任された。

さらに3月18日、開会式の総合責任者だった電通出身の佐々木宏氏が、女性タレントの容姿を侮辱したとする週刊文春による報道を受け、突如辞任した。文春はその4月1日号で前任者のＭＩＫＩＫＯ氏が電通の圧力で解任されていた事実を報じていて、開会式の準備不足が懸念される事態になっていった。

そして7月23日の開会式のわずか4日前には、音楽担当の一人だった小山田圭吾氏が、過去に障害をもつ同級生を虐待していたことが問題視されて辞任。さらに開会式前日に、演出責任者だった小林賢太郎氏が、過去の出演作品でユダヤ人ホロコーストを揶揄していたことを米国のユダヤ系人権団体のサイモン・ウィーゼンタール・センターに指摘され、即刻解任された。まさに過去に例のない事態で、全世界に日本の恥を晒すこととなった。

五輪は様々な理念を掲げているが、「あらゆる差別に反対する」として、とりわけ人種差別や男女差別は絶対に許されないと表明している。それを、あろうことか組織委の会長と開閉会式の責任者たちが揃って踏みにじっていたのだから、掲げられていた高邁な理想など、ただのスローガンであったことが満天下に明らかとなった。

そこにさらに、障害者への陰湿ないじめを反省していない人物を音楽担当に据え、ホロコーストを揶揄した人物を演出担当にしていたのだから、「多様性と調和」「Moving Forward（ムービング フォワード）」などの開催コンセプト（東京大会独自）も完全な虚偽、欺瞞であったことが露見した。

さらに開催期間中には、ボランティアやスタッフの弁当など約13万食が廃棄され、医療用マスクやガウンなど約500万円分も廃棄されていたことも報道で明らかになった。これも、重要な大会コンセプトである「SDGs：東京2020大会の持続可能性」を真っ向から無視する行為であり、ことあるごとに喧伝されてきた「五輪の理想の実現」など、ほとんどすべてが絵空事の虚飾であったことが、誰の目にも明らかになったのだ。

肥大化した図体を動かすために巨額のカネを集め、広告宣伝と翼賛報道であらゆる虚飾をまとい、善意の人々をタダで労働させてきた、そのグロテスクな実像が完全にさらけ出されたのが、今回の東京五輪であった。

†開催意義は消滅していた

仮にも東京五輪を「国家的行事」と正当化して兆単位の税金を投入してきたからには、そこには確固たる「開催意義」が存在していなければならないはずだ。招致から8年間、政府が延々と喧伝してきた開催意義とは、「五輪による巨大なインバウンド効果の創出」

という「経済効果」であった。そして組織委やＪＯＣは、五輪というスポーツの祭典を通して世界平和、人類社会に貢献することを開催意義としてきた。いうなれば、こちらは「精神的意義」であった。

だが、東京五輪は、その両方の開催意義が消滅していたのだ。

3月20日、コロナ禍を理由にして政府が海外からの観光客受け入れ断念を発表した時点で、「4年に一度、世界中の人々が平和のために一堂に会する」という五輪の根本的な「精神的意義」が消え、もはやただの「巨大な競技大会」になったのだった。

その精神的意義としての国際交流を果たすために、全国約５００か所の市町村で「ホストタウン事業」が計画されていたが、新たに発生したコロナ対策のため、そのほとんどで選手と市民の直接交流は不可能となり、１００か所以上が辞退した。

それでも多くの市町村は事業を継続したが、選手と住民との交流はなくなり、結局は選手たちの合宿費をホストタウン側が負担しただけ、という形がほとんどとなった。各国選手団のために体育館や運動施設を新築した自治体が多数あり、今後その費用の償却をどうするのか、全国各地で問題化することが危惧されている。

さらに、政府が五輪誘致の最大効果として喧伝し続けてきたインバウンドによる消費拡大も、海外客の受け入れ断念によって消滅した。海外からの観戦客は旅費・宿泊費をともない、五輪観戦後に国内各地を観光する人が多いため、多額のインバウンドを発生させると期待されていた。その経済効果は数兆円に及び、五輪への投資を上回ると期待されていたのだから、受け入れ断念の影響は甚大であった。西村経済再生担当大臣も7月9日の記者会見で、「4000万人のインバウンド（訪日外国人客）、8兆円の消費を期待したが、もうまったく考えていない。まったく経済効果は期待していない」と明言していた。つまり、「経済的意義」も消滅していたのだ。

そして、最終的に完全な無観客開催となったため、組織委の貴重な収入源であったチケット代金900億円のほとんどを返金しなければならなくなった。だがすでに組織委には財政的余力がなく、東京都または国の税金投入による補塡は避けられない。つまり、開催意義が消滅しただけでなく、開催後には巨額の負担までも残るはめになったのだ。

その上さらに、空港での検疫強化やアスリートのハイヤー移動など、当初予想していた以上のコロナ対策費が次々に発生しており、組織委幹部がオリパラ終了後でなければ支出総額が分からないと言うほど、経費は増大している。もはや巨額の赤字だけが残ることが決定的になっており、その赤字を埋めるのは、国民の税金しかないのである。

以上のように、東京五輪はその「精神的意義」と「経済的意義」の両方が欠けたまま開催された。もともと、今回の五輪招致には、1964年大会のような「戦後復興の象徴」

「国際社会への復帰宣言」という精神的な意義はなく、バブル崩壊で低迷する国内経済へのカンフル剤という経済的欲求しかなかった。

何の志もなく、目的は金儲けだけと言うのでは、さすがに聞こえが悪いので、それを隠すために「復興五輪」などという虚言を弄したのだが、コロナ禍での強行開催でそのメッキも剝がれ落ちた。東京五輪は、巨額の赤字だけが残る、恐るべき虚無の祭典だったのだ。

†原発プロパガンダとの相似性

長期にわたって筆者が東京五輪を取材対象にしてきたのは、東京五輪を21世紀における新しい大衆扇動の実験と見なして来たからであり、さらに、ほとんどの大手メディアがスポンサーとなって五輪翼賛側についていたのが、過去の原発翼賛体制とまったく同じ構造に見えたからである。

東京五輪の問題点はあまたあるが、その中で特に深刻だったのが、朝日・毎日・読売・日経・産経の全国紙すべてが五輪スポンサーとなり、批判的な報道ができなくなったことであった。複数の巨大メディアが揃ってスポンサーになるなど、過去の五輪では一度もなかった。さらに、これらの新聞社とクロスオーナーシップで結ばれた民放キー局も、同様に五輪翼賛側に与《くみ》していた。つまり、我が国の主要メディアのほとんどが、東京五輪を批判することができなくなっていたのだ。

これは3・11以前、各地で開催された原発ムラの翼賛シンポジウムに、読売新聞をはじめ全国各地のローカル紙やテレビ局が協賛社となり、まったく批判記事を書かなくなっていったのとまったく同じ構造である。スポンサーや協賛社になれば、その対象を批判することはできなくなる。

スポンサーは、東京五輪の中身に賛同したからこそなるのであり、数十億円のスポンサー料を支払うのだから、それに見合う何らかの見返り（利益）を得なければならない。そうなると、五輪に何か深刻な問題があっても、万が一中止になったり、観客が来なくて興行的に失敗などされては投資を回収できなくなる恐れがあるから、新聞の一面を使うような問題追及は、ほとんどしなくなる。

日本の大手メディアが、フランス検察が今も追いかける招致段階における買収疑惑や、11万人以上に上るボランティアのタダ働き問題を追及してこなかったのは、そうした背景があったからだ。

とはいえ新聞社も、ネガティブ報道をまったくしなければさすがに批判されるから、後々問題にならないよう、アリバイは作っていた。一回くらいは記事にしても強く批判はせず、後追い記事は出さないというパターンにするのだ。時々小さいコラム記事等では五輪批判をしても、朝刊トップなどで大きな記事にはしない、というやり方である。

だがこれだと、筆者のように毎日五輪に関するニュースをチェックしている者なら気づいても、普段あまり新聞やニュースを見ない層は、東京五輪にどんな問題があるのか、ほとんど気がつかない。そしてそういう人々は、大会が始まって日本人選手が金メダルを取れば熱狂する。帝政ローマ時代に遡る「パンとサーカスの提供」が現代の日本で再現されたのだ。

†始まれば不安を忘れて五輪を楽しむだろう

6月14日、放送権を持つNBCのジェフ・シェルCEOは、大手金融機関が主宰したオンライン会議で、

「(2012年の)ロンドン五輪では交通(への影響)が懸念され、前回(16年)のリオ五輪ではジカ熱の流行が懸念されたが、開会式が始まれば、人々はそうした不安を忘れる。東京五輪も同じようになるだろう」(産経新聞、6月22日)

と語っていたから、日本国民もずいぶん舐められたものだった。

この発言は「今は批判が多くても、五輪が始まれば不安を忘れて五輪を楽しむだろう」と意訳されて拡散し、SNSでも大炎上した。そして実は、日本政府もまったく同じ考え

だった。菅首相が低迷する内閣支持率を、五輪開催で上向かせようとしていたことは、複数の報道で明らかになっている。

そして確かに、開催後の世論調査で、「五輪を開催してよかったか、否か」という問いに対しては、肯定的な意見が半数以上を占めた。だがそれは、アスリートたちのレベルの高い闘いに感動しただけであって、政府の支持率上昇にはまったく役に立たなかった。NBC役員の言ったとおり、多くの国民がアスリートの活躍に熱狂はしたが、それはハイレベルな競技に熱中しただけであって、政治的思惑は空回りに終わったのだった。

†電通の、電通による、電通のための東京五輪

売上高約5兆円（海外含む）を誇る広告業界の巨人、電通はあらゆる国際スポーツイベント（世界陸上・世界水泳、ラグビーW杯、サッカーW杯等）の放映権や開催権を手中に納めた企業であり、その招致活動から東京五輪に密接に関わっていた。

電通の石井直社長（当時）は東京五輪の招致決定直後、「電通はこの五輪で1兆円を稼ぐ」と社員にメールを送って叱咤激励したと言われている。招致から開催までの7年間のトータルとはいえ、たった一つのスポーツイベントで1兆円を稼ごうとは、五輪の巨大さを思い知らされる逸話だ。

その電通は、2020東京大会のすべてを取り仕切っていた。すべてとは、招致活動からロゴ選定、スポンサー獲得、山のように放映されていたテレビやラジオCMをはじめとする五輪広報・広告活動、聖火リレー、全国で展開される予定だったパブリックビューイング(PV)をはじめとする五輪関連行事、そして五輪・パラリンピックの開閉会式と全日程の管理進行等、文字通り「すべて」である。

そこに他の広告代理店はほとんど介在できず、基幹部分は電通の一社独占だったのだ。67社のスポンサーも電通の一社独占契約である。

これが何を意味するかというと、五輪マークがついていたCMや広告、関連グッズにはすべて電通が介在し、その利益もすべて電通に集中していたということだ。これは極めて異常な状況で、過去の開催国でこうした例はなかった。まさしく「五輪の私物化」と言えるような状況であり、東京大会とは、まさに「電通の、電通による、電通のためのイベント」と言っても過言ではなかった。

東京大会はスポンサー企業の数も異常だった。リオやロンドン五輪のスポンサーは一業種一社という取り決めがあり、全部で10~15社程度だった。

しかし東京開催が決まると、電通はIOCに働きかけて一業種一社制を葬り、何社でもスポンサーになれるようにした。その結果が異様なほどのスポンサー企業の膨張であった。

15社のゴールドパートナーカテゴリーは5年間で1社150億円、32社のオフィシャルパートナーは同じく60億円、20社のオフィシャルサポーターは20～30億円程度をスポンサー料として支払うと言われていた。

組織委はスポンサー協賛金を3400億円と発表していたが、スポンサー企業を連れてきたのは電通であるから、組織委との間に入って管理料を取っていたはずである。つまり3400億円とは、電通の管理料を抜いた後の金額と考えられる。そしてもし電通の契約管理手数料が、日頃行われている他の業務と同じ程度なら、スポンサー料のうち約20％が電通の取り分になったはずだ。

〈スポンサー料の推計〉。

・ゴールドパートナー　15社×150億円＝2250億円
・オフィシャルパートナー　32社×60億円＝　1920億円
・オフィシャルサポーター　20社×20億円＝　400億円
　67社合計＝　4570億円（組織委発表は3400億円）

オフィシャルサポーターのスポンサー契約料を一律20億円としたとしても、総合計金額は4570億円となる。そしてその場合、電通の管理料合計は、なんと914億円となるのだ。その分を合計金額から引けば3656億円で、組織委が発表していた3400億円にかなり近くなる。まさに金城湯池《きんじょうとうち》ともいうべき仕組みであった（スポンサー契約に関する電通のマージン率について組織委に質問状を送ったが、守秘義務を理由に非開示）。

しかし、過去に女性新入社員自殺事件を引き起こし、国によって書類送検されたような企業が、公平な競争や監視のないままで、このように五輪を私物化している状況は、異常であった。さらに同社社員のモラルの欠如は、開催準備期間中に起きたいくつもの事件に現れていた。その具体例を挙げてみよう。

・13年の招致活動時、ＪＯＣが2億円を賄賂目的で海外企業に送金した疑惑に関与。事件がきっかけで退任した竹田恆和氏は、国会で電通の関与を証言。また20年には、五輪組織委の理事を務める電通元専務の高橋治之氏が、五輪招致を巡り招致委員会から約9億円の資金を受け取り、ＩＯＣ委員らにロビー活動を行っていたとロイター通信が報じた。

・15年のエンブレム盗作問題で、デザイナーの佐野研二郎氏の選定に不当に関与したとして、電通の槙英俊マーケティング局長と、高崎卓馬企画財務局クリエーティブ・ディレクターが更迭された。

・20年、開閉会式の演出担当メンバーで電通のクリエーティブ・ディレクターである菅野薫氏が、同社の関連会社社員に演出業務中にパワハラをしていたとして、19年末に懲戒処分を受け、演出担当を辞任した。

・21年、開閉会式の演出総合統括を務めるクリエーティブ・ディレクター、佐々木宏氏が人気女性タレントの容姿を侮辱したとして統括を辞任した。

以上を見れば、電通という企業が五輪業務を独占的に扱ってきた弊害がよく分かるだろう。さまざまな悪評の元を辿れば、その多くは電通に行き着く。まさしく「電通の、電通による、電通のため」の東京五輪だったのだ。

†感染者863人は少ないのか

大会終了後の9月8日、IOCのバッハ会長は理事会で、「参加者の努力と結束により、大会はパンデミック下でも安全に開催できることが証明された」「(大会は)安全だったと言える。東京や日本の人々に感染が広がったと示すものは何一つない」と開催は成功だったと断言した。

組織委の橋本会長も9月6日、「パンデミック後、世界で初めてのグローバルイベントであるオリ・パラを開催し、しっかりとバトンをパリにつなげたことを誇りに思いたい」と述べ、評価に関しては「歴史が証明してくれるものだと思う」などと総括した。

丸川五輪担当相も9月7日、「感染対策が大きな課題だったが、検査や厳格な行動管理などによってクラスターとされた事例はなく、大会関係者から市中に感染が広がった事例も報告されていない。医療関係者の尽力と、国民の理解と協力があったからこそ、安全・安心な大会が実現できた」と強調した。

では、実際の感染状況はどうだったのか。東京大会に関連した感染者は組織委発表で、五輪547人、パラリンピック316人の、合計863人であった。

その内訳は、

・選手　41人
・大会関係者　201人
・メディア関係者　50人
・組織委職員　29人
・大会の委託業者　502人
・ボランティア　40人（NHK、9月8日）

また、入院者数は25人だった。

一方、組織委の発表によると、東京五輪・パラリンピックに関連して海外から来日した選手や関係者は7月1日から9月6日までに5万4236人、空港の検査で陽性が判明したのは54人、陽性率は0・1％だった。

また、選手村や競技会場など大会の管轄下で行った101万7190件の検査では、3

12人の感染が確認され、陽性率は0・03％となった。これらの数字は、同時期の東京都内陽性率に比べれば相当低かったため、橋本会長や丸川大臣らは、バブル方式は機能したと誇示したいようである。

だが、863人という数字は、あくまで五輪関係者として登録され、組織委が把握していた人数にしか過ぎない。アスリートや海外メディア関係者を除いた772人の日本人感染者の中には、家族と同居していた人も数多くいただろう。その人たちの家庭内感染者がゼロだったとは、コロナの特性上、とても考えられない。

つまり、863人の五輪関係感染者の周囲には、明らかになっていない相当数の感染者がいたのではないか。だが、感染数を抑えたい東京都も国も、そこまで細やかな調査をしていない。五輪が感染爆発とは関係ないと言い張るのなら、772人の日本人関係者の家族まで含めた調査をすべきではなかったか。

バッハ氏や橋本氏、丸川氏らは863人という数字を、全体からすればごく少数だと言いたいのだろう。だが、感染当時者にとっては、それは統計ではない。一人一人が、血の通った人間である。

コロナには様々な症状があり、中には、今も後遺症に悩まされている人もいるだろう。その多くは、五輪・パラリンピックに従事しなければ感染しなかった可能性が高い。責任者たちの言う「五輪の成功」は、大勢の人々の計り知れない犠牲の上に成り立っていることを、彼らはもっと謙虚に認めるべきではないか。

†究極のモラルハザード、東京五輪負の遺産

前述してきたように、東京五輪には実にさまざまな問題があり、開催資格すら疑われるような状況であった。また、V2予算案が確定した17年には、開催費用が当初予定の2〜3倍以上になって巨額の赤字が発生することは、すでに分かっていた。

つまり、招致時の「コンパクト五輪」などとはまったく異なる姿に変貌していたのであるから、その時点で五輪は返上すべきだったのだ。

だが、国も東京都も組織委も、それを見て見ぬふりをしてきた。そして、本来は権力側の暴走に警鐘を鳴らす存在（ウォッチドッグ）であるはずの新聞社もスポンサーとなり、五輪の問題点を国民の目から隠し続ける役割を果たした。コロナ禍によってさらなる赤字額が積み上がったのに、それすら止められずに強行開催に至った。

その結果、赤字額は4兆円を超えると言われているが、その責任の所在はうやむやにされ、大半は国民の税金で処理されようとしている。この無責任の象徴のようなスキームこそ、国家ぐるみのモラルハザードであり、究極の無責任の連鎖による、必然的結果ではな

かったか。そしてこれこそがまさに、東京五輪が遺す負の遺産《レガシー》であり、大罪である。

だが開催を推進した人々は、この明らかな破滅的失敗を、長い時間をかけて成功と改竄して歴史に残そうとするだろう。本書はそうした流れに抗い、「東京２０２０」は大失敗であったことを証明しようとするものである。

第一章 巨大商業イベント、コロナ禍の強行

†2020年1月――いよいよ開催の年、メディアの狂奔

2020年3月24日、東京五輪が開催4か月前にして突如、21年に延期された。その日まで、メディアには五輪関係の大量の広告と記事が溢れ、五輪関係者の勢いはまさに肩で風切る感があった。しかし5月に入ると、その延期すら危ういのでは、という観測が高まり、中止の可能性すら囁かれるようになっていった。

このわずか数か月あまりで五輪関係者は、まるで栄耀栄華を誇った平家が、栄光の座を転がり落ち、断末魔の苦しみのなか壇ノ浦に追い詰められたかのような事態に陥っていた

のだ。

筆者は原発プロパガンダに続く大衆扇動プロパガンダの一例として、東京五輪の様々な問題を取り上げてきた。とりわけ11万人以上の人々を無償で働かせようとするブラックボランティア問題に関しては、18年に同名書籍も発売して、善意の人々が搾取にあわないよう注意喚起をしてきた。

とはいえ、筆者のような無名に近い者がいくら反対の論陣を張っても、しょせんは圧倒的な少数派である。国家の後押しを得て準備万端、いよいよ夏の開催に向けて、電通とメディアの総力を挙げた国民動員プロパガンダが、盛大なラストスパートにかかるはずだった。そこに立ち塞がったのが、誰も予想し得なかった新型コロナウイルスであった。

†1年延期までの経緯

２０１９年12月に最初の患者が報告されて以降、20年1月の中国武漢市の封鎖に始まり、2月には世界的な新型コロナ肺炎の大流行に突入していた。イタリアをはじめとする欧州各国でロックダウンが始まり、五輪予選ができない競技が続出していた。世界各地の競技連盟からは、一刻も早い中止または延期の決断を要請する声が上がっていたが、国際オリンピック委員会（ＩＯＣ）及び日本政府と大会組織委は結論を先延ばしにしていた。

主催者側にしてみれば、中止にせよ延期にせよ、もし実施が不可能になれば、数千億円と見込んでいたインバウンドやテレビ放映権料が消滅してしまうのだから、様子見をするのも当然であると言えた。

しかし2月中に世界各地で予定されていた五輪最終選考のための大会はすべて中止となっていたから、すでに延期決定の1か月前、2月下旬には、国際的に「今年の東京五輪の開催は無理だ」という暗黙の空気が醸成されていた。

それでもIOCはそうした声に耳を貸さず、3月17日には「開幕まで4カ月以上も前に、抜本的な決断を下す必要はない」と、なおも決断を先延ばしにする意向を示した。

だが、これに対して世界中のオリパラ委員会や競技連盟、アスリートからさえも批判の声が上がり、3月22日には、カナダのオリンピック委員会が「今夏開催の五輪には自国の選手団を派遣しない」と発表する事態にまで発展した。たとえなんとか開催にこぎ着けたとしても、肝心の選手が来なければ試合はできない。カナダのようなメダル大国が不参加を宣言すれば他国も必ず追随するから、これはアスリート側から突きつけられた、事実上の最後通告であった。

世界中から総スカンを食らったIOCは、翌23日に「延期を含めて検討を開始する。4週間以内に結論を出す」と発表したが、これもまたすぐに批判にさらされて、翌24日の夜に、バッハ会長と安倍首相が電話会談で21年への延期で合意せざるを得なくなったのだった。まさにドタバタを絵に描いたような展開であった。

日本側としても24日は、26日からの聖火リレースタートを控えており、リレーの中断というぶざまな事態を避けるためにも、ぎりぎりのタイミングであった。そしてこの判断の遅れは、五輪開催のために海外からの渡航者の入国制限が遅れたこと、コロナ感染者数の発表を低く抑えていたことで、その後の感染者増を抑えられず、日本全土での緊急事態発令という事態にまで悪影響を及ぼした。この決断の遅れは、現在にまで甚大な被害を国民に与え続けているのだ。

遅れた延期決断とメディアの罪

ＩＯＣや日本政府・組織委は事あるごとに「アスリートファースト」などと主張していたが、実際にはアスリートの安全など二の次で、ギリギリまでカネにしがみつこうとしていたことは明白である。

この決断の遅さと混迷振りは、決してアスリートへの配慮などではなく、日本側にとっては五輪の経済特需、ＩＯＣにとっては莫大な放映権料こそが心配だったのである。この一連の中止・延期騒動によって、「マネーファースト&アスリートラスト」である商業五輪の本質が、鮮やかに浮き彫りになったといえるだろう。

そして延期発表まで、日本の主要メディアは、ほぼ開催一色だったと言って良い。というよりも、中止や延期について語ることはタブーであり、そのような報道は慎重に避けられていた。

2月末の時点で、筆者はネットメディア「WEZZY」で、五輪はもはや中止か延期の二択しかないとする考察を発表していたが、その頃に五輪開催を危惧し、中止や延期を要請する報道など、大手メディアでは皆無に等しかった。

それもそのはずで、その頃テレビでは五輪スポンサーによるCMがこれでもかと流されていて、自らも五輪スポンサーになっている全国紙にも、連日のように五輪関係の記事や広告が載っていたからである。五輪賛美の広告を放映・掲載しながら、その中止や延期を語ることなど、スポンサーに忖度することに慣れきった日本の商業メディアにとって、最も不可能なことであったのだ。

だが海外メディアでは、すでに2月下旬から3月初旬頃には、もはや五輪開催は不可能という報道が数多く見られた。それらを無視し、政府と組織委の根拠無き楽観主義に基づく意見を無批判に垂れ流し続け、結果的に約1か月の判断遅れの片棒を担いだ大手メディアの責任は、限りなく重い。まさしく、3・11以前に原発ムラの広告費を食いまくり、原

2020年１月１日、朝日新聞の広告特集

発安全神話を展開しまくっていたのと同じ過ちを、彼らは再び犯したのであった。

†五輪イヤーで浮かれていた大手メディア

20年に入り、大手メディアは五輪開催景気を予感して浮かれまくっていた。

全国紙はまず元旦に五輪特集の別刷りを発行。朝日新聞も12ページ立ての広告特集を組んだし、産経新聞は一面トップ（序章）で「日本は五輪で再生する」などと書いて失笑を買った。

テレビでは五輪スポンサーによるＣＭが大量に流れていたことを、まだご記憶の方も多いだろう。コカ・コーラによるチケットプレゼントキャンペーンを筆頭に、社名を変えたらどのスポンサーの広告か分からないような、似たようなＣＭが、朝から晩まで流れていた。

新聞メディアでは、読売新聞が大々的なチケットプレゼントによる部数拡販キャンペーンを行っていたのだから、五輪延期や中止を検討する記事など、書けるはずもなかった。

筆者が個人的に驚いたのはＥＮＥＯＳで、「東京２０２０オリンピック聖火リレーを応

読売新聞の DM チラシ

援しよう！」というキャンペーンまで始めていた。五輪に参加するアスリートを応援するというのなら、対象が人間だからまだ理解できる。しかし、その五輪のPR手段に過ぎない聖火リレーを応援するとなると、もはやスポンサーPRのための無理筋があからさまで、電通の飽くなき商魂を見せつけられたようで、極めて気持ち悪かった。

ちなみに聖火リレーのスポンサー（正式名称：東京2020オリンピック聖火リレープレゼンティングパートナー）は日本生命、NTT、トヨタ、コカ・コーラの4社であり、ENEOSは入っていない。つまり滑稽なことに、同社は「聖火リレースポンサー」ではなく、

2020年1月14日　朝日14面に掲載されたENEOSのキャンペーン

「聖火リレー（応援）スポンサー」なのだ。恐らくは聖火リレースポンサーには金額面で手が出なかったENEOSのために、電通が考え出したポジションだったのだろう。何にでもスポンサーをつけて稼ごうとする、商業五輪を象徴するような事例であった。

開催経費は3兆円を突破

オリパラが終了したいま、水面下で国・東京都の間で、追加経費の押し付け合いが始まっている。1年延期による約3000億円の経費増加に加えて、無観客開催によるチケット代金900億円の消失と、コロナ追加対策費が生じているからだ。

2019年12月まで、組織委と東京都は、大会経費は1兆3500億円、そのうち組織委と東京都がそれぞれ6000億円、国が1500億円を負担すると発表していた。だが、実際にはもっと莫大なカネがかかっていた。東京都は6000億円の開催経費とは別に、8100億円の「大会関連経費」を計上していた。つまり、正確な都の負担額は、1兆4100億円だったのだ。

また、国も1500億円の開催経費に加えて、セキュリティ対策などの「関係予算」として1380億円を計上していた。

さらに会計監査院は19年12月、国の五輪関連予算の支出は2013年から18年度までの

6年間で、1兆6000億円にのぼっていると指摘していた。

つまり実際の開催経費は、組織委が6000億円、東京都が1兆4100億円、国が2880億円の計2兆2980億円であり、さらにそれとは別に、国は五輪に紐づけて直接関係のない事業を行い、1兆6000億円の税金を使い込んでいたのだ。

これらを合計すると、五輪経費の総額は19年時点ですでに3兆3500億円を超えており、そこにさらに延期コスト2940億円・チケット代金損失900億円・コロナ対策費（21年9月段階では不明）が上乗せされることになる。組織委は最終的な収支報告は22年4月以降になると言っているが、4兆円近い金額になるのは間違いない。

その総額は3兆円以上という途方もない金額となるのだから、五輪招致時に「7400億円で開催するコンパクト五輪」と言っていたのは、完全な嘘だったのだ。

しかも、V5予算案の1兆6440億円は最終の確定金額ではない。コロナ対策費として計上された約1000億円は基礎的な数字であり、大会の際のアスリートや関係者の入国者数がどの程度になるか、正確な数が分かっていなかったため、さらに膨れあがるのは避けられない。また、7万人を超えるボランティアのコロナ対策費は、この時点ではまったく計上されていなかったのだ。

さらに、大会実施のためには5000人以上の医師や看護師が必要とされていた。組織委はそれらも無償ボランティアで賄いたいと発表したが、強烈な批判にさらされて、ようやく予算措置を講じることになった。長引くコロナ禍で、ただでさえ医療関係者は疲労、困窮していた。自らは高額給与をもらいながら、医療関係者にはタダで医療行為をしてくれとは、組織委のずうずうしさも目に余るというものだった。だが、この予算措置も経費の増大に直結し、最終的には税金で穴埋めしなければならなくなるのだ。

五輪開催派は、こうした合算を「間接経費と直接経費を一緒にすべきではない」と批判する。つまり、五輪の開催費はあくまで組織委と政府が認めた1兆6440億円であるとする考え方だ。だが、直接経費だけでは五輪を開催できなかったことは明らかである。

例えば、新国立競技場や、1400億円かけて新設された6つの競技会場、及び都内幹線道路などの建設やバリアフリー等の費用は大会の直接経費に計上されていないが、それらが無かったら五輪は開催できなかった。つまり間接経費と直接経費をあえて分けることなど無意味であり、五輪に費やされたすべての費用を合算して、その是非を究明すべきなのだ。

†暑さ対策を忘れていなかったか?

だが20年におけるさらなる深刻な問題は、これだけカネをかけても、21年の夏に開催できるかどうかは分からないということだった。五輪の1年延期は人間の都合で決めただけで、コロナウイルスには何の関係もない話であった。状況は「延期・中止・開催」の三択が「中止・開催」の二択になっただけで、中止の可能性は依然として残っていた。そして結果的に、日本政府はギリギリまで迷ったあげく、無観客開催という前代未聞の方式となった。

ワクチンの開発には最低でも1年から1年半かかるとされていて、これから発展途上国に感染が拡大していくことを考えると、21年の開催すら極めて危ういと言わざるをえなかった。ちなみに、関西大学の宮本勝浩名誉教授は、東京五輪を中止した場合の経済損失は4兆5151億円との試算を発表していたのだから、政府や経済界からすれば、中止など論外だったのだ。

だが仮に開催できたとしても、問題は山積みであった。多くの国民は忘れていたが、ただでさえ東京五輪には「猛暑にどう対処するか」という解決不可能な大問題があった。その上さらに「コロナ」という極めて困難な問題まで新たに加えられてしまったのだ。

いま現在、多くの国民は感染予防のためにマスクをつけて生活しているが、それでも真夏の炎天下で長時間マスクをつけ続けるのは難しい。筆者も5月頃の真夏日に外でやってみたが、20分程度で汗が噴き出してきて、仕事にならなかった。湿度が格段に上がる7月に、マスクをつけたまま屋外で仕事をしたり、観戦したりすることは相当困難だと予想された。

アスリートはともかく、数十万人の観客の暑さ対策すらおぼつかなかった組織委が、コロナ対策もやらなければならない。その結果、暑さ対策は中途半端となり、猛暑による熱中症の危険性は増すだろう。そこにコロナの危険性も加わる。20年よりも21年の開催の方が、アスリート、観客、ボランティアにとってさまざまな危険が高くなる可能性があった。

21年の五輪開催のためには「猛暑」と「コロナ」の二正面作戦を強いられることになった。だが、歴史上どんな強国であっても、二正面作戦に勝利した国などほとんどない。ましてやコロナ対策で後手を踏み続ける日本の無能な政府と、無責任な組織委のコンビが勝利できるはずがないのは、自明であった。

†21年初頭から緊急事態宣言発出

21年1月8日、急増するコロナ感染者数と医療崩壊に慌てふためいた菅首相は、小池知事らの要請に押し切られる形で、1都3県(13日に7府県を追加)の緊急事態宣言を再発出した。

冬期における新型コロナ肺炎の蔓延は既に昨年夏頃から予想されていたにもかかわらず、

政府は対策を怠っただけでなく、秋にはあろうことかＧｏＴｏトラベルやＧｏＴｏイートなど、むしろ感染拡大を招くような施策を実施した。その結果が21年の医療崩壊、感染爆発を引き起こしたのだから、感染増加は、まさしく無能な政府によって引き起こされた人災と言う他はない。

さらに、感染率が格段に高いとされるデルタ変異種の発生も明らかになり、政府は全世界からの入国拒否を宣言。これで海外からの数百万人の人々の往来が発生する東京五輪の中止は、もはや誰の目にも必然的に思えた。組織委の森会長や武藤敏郎事務総長は相変わらず中止を否定していたが、あとはいつ誰が中止宣言をするのかを待つだけ、という空気になっていた。

†消えていた国民の支持

その頃五輪は、すでに国民の支持も失っていた。21年1月9日〜11日に実施されたＮＨＫの世論調査で東京オリパラについて聞いたところ、「開催すべき」が16％、「中止すべき」が38％、「さらに延期すべき」が39％だった。12月に比べて「開催すべき」は11ポイント減り、「中止すべき」と「さらに延期すべき」はいずれも7ポイント前後増加し、合わせて77％、約8割になった。

また、同じ頃に実施されたＴＢＳ（ＪＮＮ）の世論調査でも、オリパラは開催できると思うかどうかの問いに「開催できると思う」はわずか13％（前月比マイナス15ポイント）、「開催できると思わない」は81％（前月比＋15ポイント）となり、圧倒的な差がついていた。

ＮＨＫはじめ複数メディアは、この頃の世論調査で未だに「再延期」という選択肢を設けていた。だが、これについては組織委もＩＯＣも再延期は絶対に無いと明確に否定していたのだから、選択肢から外すべきであった。ＴＢＳの調査は二択（答えない・わからないを含めれば三択）なので、より正しい民意が反映されていたと言って良い。

両調査で開催反対の数字は8割近くに達しており、もはや東京五輪は完全に国民の支持を失っている状況だった。3月下旬には聖火リレーの開始が迫っていたが、それまでに緊急事態が終了し、世論が再び開催支持になるのは不可能だった。

†精神論しか言わない責任者たち

組織委の武藤事務総長はＶ５予算発表時に、

「我々はできる限り予算を削減し簡素化の努力をしている。高いと見るのかどうかはいろいろな見方があるが、ポジティブな投資という面が相当あるのだと思う」

「一つのスタンダード、ロールモデルを示す上で意味がある」

「国民にもご理解いただきたい。我々としても推移を見守り状況に応じて対応したい」

などと発言し、国民の強い非難を浴びた。

既に2兆円以上の税金を投入している状況で、延期に伴う約3000億円の追加経費発生を「ポジティブ」に捉える国民はほとんどいないと思われるが、さすが元大蔵省出身者は、税金の使い道には鷹揚らしかった。

だが、森会長はその上をいった。1月7日のスポーツ紙インタビューで、

「不安はまったくない。（五輪を）やることは決まっているし、準備はほとんど終わっている。どうして7月のことを今議論するのか」

と言ってのけて、さらに国民の強い反発を招いた。

そして橋本五輪相は翌8日、

「世界が直面するあらゆる課題を解決すること、課題解決の先進国だとしっかりと示していくことが重要。希望の灯火としてスタートできるよう、感染症対策を講じながら、聖火が全国を回れるように努めていきたい」

などと、これまた空気を読まないKY発言をしていた。

感染爆発の前になすすべもなく緊急事態宣言発令となったのに、なぜ「課題解決の先進国」などと言えるのか謎だし、そもそも緊急事態下で外出規制をかけている最中に、人が

集まる聖火リレーをなぜやれるのかという、誰もが抱く疑問にまったく答えていなかった。結局、政府や組織委の関係者は精神論ばかりに終始し、コロナ禍では安全な五輪開催などできないのではないか、という国民の疑問に、誰も答えられなかったのだ。

†まともな広報ができないという最大の失敗

こうした彼らの強気一辺倒の発言は、不安をいだく国民には完全な逆効果であり、支持を集められなかった。それどころか、発言の度に厳しい批判を招いていた。森会長や武藤事務総長、橋本五輪相が何か発言をする度に、ＳＮＳのコメント欄には厳しい批判の声ばかりが並んでいた。

ここから分かるのは、コロナ禍以外での東京五輪最大の失敗は、まともな広報ができなかったということだ。ロンドン五輪の際には、最高責任者であるセバスチャン・コー氏が毎週記者会見で質疑応答にすべて答え、開催意義を繰り返し国民にＰＲして信頼を築いたのとは真逆だった。

それに比べると、日本の組織委にも広報担当者はいたとはいえ、どうしても森氏や武藤氏の認知度には及ばず、世論への訴求力も無かった。そのため、森氏らが好き勝手に発言した内容が組織委全体の意思だと認識されてしまうところに、ＰＲのお粗末さが現れていた。

五輪のような、国家的で巨額の税金を投入する事業のＰＲにおける最重要課題は、いかに国民の共感を集め、税金投入の必要性を理解してもらうかにある。それは平時でも難しいことなのに、コロナ禍で多くの国民が生活を脅かされ、苦しんでいる最中に東京五輪を開催するためには、さらに多くの言葉を尽くして、共感と理解を得ることが必要だったのだ。

だが前述した三者は、その真逆の発言ばかり行ってきた。

森氏は「五輪開催はもう決まっている」と、中止可能性を語るのも不愉快という態度をあからさまにしていたが、これは今に始まったことではなかった。武藤氏も「国民にもご理解いただきたい」と言いながら、決して頭を下げて国民にお願いするわけではなく、上から目線の発言ばかりが目立った。

そして橋本氏に至っては、意味不明の希望的観測を述べるだけだった。平時においてなら、それでもどうにか開催できただろう。だがコロナ禍の厳しい状況下にかかわらず、あのような態度で、どうやって国民の理解や共感を得られたというのだろうか。ようするに彼らは、最初から国民の共感を得ようなどと、まったく考えてはいなかったのではないか。

再度の緊急事態宣言発出とデルタ株の出現で、多くの国民の五輪開催への反感は決定的となった。そしてそれを決定づけたのは、森氏や武藤氏など、今まで東京五輪の顔となってきた人々の、無思慮で無神経な発言だったのだ。

✝無意味な聖火リレーの実施

それでもなお、政府と組織委は開催可能性にしがみついた。開催意義が消失したのに、それでもなお五輪開催を強行するために、聖火リレー開始に踏み切った。

だがコロナ感染の拡大で、3月25日の福島での開催式典は簡素化され関係者だけの参加となり、大阪府や愛媛県松山市での公道開催も次々に中止、遂に福岡県ではすべてのリレーが中止となった。その後も公道での実施は次々に中止となり、開会式直前の千葉県や東京都でも中止された。五輪を盛り上げる効果などあるはずもなかったのだ。

聖火リレーの目的は人々を集めて騒ぐことなのに、集まりすぎて密になってはいけないとか、声を出さずに拍手だけで応援せよとか、実施目的と真逆の要求をしていたのだから、まったく無意味であった。さらに、交通整理等の聖火リレー関係者のコロナ感染も報告されていた。彼らは聖火リレーが無ければ感染することもなかったはずだから、明らかな人災であった。

聖火リレーの宣伝手段としての側面を強く感じさせて話題になったのが、先頭を走るスポンサー（コカ・コーラ、トヨタ、NTT、日本生命）車両の列である。

場所によっては様々な車両が30台以上となり、渋滞を引き起こしていた。そして、その先頭車両ではDJが踊りながら「盛り上がりましょう！」などと大音量で音楽を流している様子がSNSなどで拡散して顰蹙を買った。その様子には各地の知事からも批判が噴出したが、組織委はスポンサーへの配慮を優先し、ほとんど改める気配を見せなかった。

だが、NHKや民放等のニュース映像では、それらのスポンサー車両はほとんど映らなかった。NHKは国策としての五輪成功に肩入れする立場を堅持し、民放はスポンサーや聖火リレー実施を担当している電通に配慮していたのであり、露骨な五輪翼賛プロパガンダに協力していたのだ。聖火リレーとは一体誰のためにやっているのか、あの車列を見れば一目瞭然であった。

もともと聖火リレーは1936年のベルリン五輪の際、知名度を高めるためにナチスが始めた宣伝手段であり、歴史的な背景や意義などまったくない。ナチスと聞けば、あらゆる悪の代名詞として忌み嫌うのに、その宣伝施策であった聖火リレーだけはちゃっかり受け継いでいるのだから、五輪が掲げる人道主義など、しょせん嘘っぱちであると言わざるを得ない。

また、このイベントを「聖火リレー」などと称して崇めているのは、日本人だけである。

海沿いを走る聖火リレーの車列。主役のランナーははるか後方（河北新報社提供、2021年６月20日）

海外では単純に「トーチリレー」と呼ばれていて、崇高な意味づけはされていない。ここにも、五輪というただの商業イベントに、何か高尚な意味づけをしようとするプロパガンダが潜んでいたのだ。

†中止か再延期から、「無観客」への世論誘導

3月25日、福島県からスタートした聖火リレーは、コロナ禍によってすぐに完全な実施が難しくなり、4月14日、大阪府は一般道での開催を諦め、大阪城公園内で関係者だけの実施となった。4月12日、米NYタイムズ紙は「東京五輪は一大感染イベントになる可能性がある」と懸念を報じた。

同じ頃、東京都医師会の尾崎治夫会長は「開催は非常に厳しい」と発言。4月15日には自民党の二階俊博幹事長までもが「(開催が)とても無理というなら中止もあり得る」と発言した。世論は完全に五輪中止に傾き、政府は観客数上限の決定を6月にずらさざるを得なくなった。4月26日、組織委が医師会に看護師500人の確保要請を出していたことが発覚、またもや強い批判を浴びた。

5月14日、前年の東京都知事選に立候補した弁護士の宇都宮健児氏が発起人となって集めた開催中止を求めるネット署名が35万筆を超え、IOC、IPC、東京都に提出された。

6月2日、尾身茂感染症対策分科会会長は国会で「今の状況での開催は、普通はない」と発言した。

それでもなお、政府は開催を諦めなかった。菅首相は「安心安全な開催を目指す」と国会で繰り返し、6月13日には「G7サミットで全首脳が開催を支持した」と語った。そして6月21日、観客数上限を「収容人数の50％、最大1万人」と決定したが、7月8日には、全42会場のうち34がある1都3県は無観客へと変更した。これにより900億円の収入を見込んでいたチケット代金のほとんどが消滅した。

このように、4月から5月にかけて、様々な関係者から中止やむなしという発信があり、各種世論調査でも中止を望む声が7割以上に達していた。5月26日、五輪スポンサーの朝日新聞までもが「夏の東京五輪　中止の決断を首相に求める」と題した社説を掲載した。だが他の大手メディアはこうした動きをほぼスルーし、6月21日の「観客上限1万人」という方針決定を機に、「中止」ではなく「1万人か無観客か」という方向に世論を誘導していった。中止という究極の選択ではなく、無観客というもう一つの選択肢を提示することで、政府と同一歩調をとって世論の収束を図ったのだ。朝日以外の新聞社は中止を言い出さず、従って中止を望んでいなかった。無観客開催は、中止の瀬戸際まで追い詰められた五輪開催派の、最後の手段だったのだ。

†オリパラ強行開催でも政府支持率は上がらなかった

一時は国民の8割近くが開催に反対していた東京五輪は、なぜコロナの感染爆発中に開催されたのか。それは菅首相の再選と衆院選という、政治戦略に組み込まれたからだった。菅首相は自らの自民党総裁再選、それに続く衆院選で勝利するために、何が何でも五輪を開催し、その「成功」を実績として内外に示す必要があったのだ。

その結果、感染者数が過去最多を更新し、病床逼迫・医療崩壊が叫ばれる中で五輪は開催された。そして日本人選手の活躍によって、多くの国民が五輪中継に沸いた。

だが、8月第1週に実施された朝日新聞や読売、JNNなどの世論調査では、「五輪実施は良かった」とする割合は55~65%を超えて一定の理解を獲得したものの、コロナ感染者の爆発的増加と病床逼迫の報道が続いたことで、菅内閣の支持率は軒並み低下する結果(朝日28%、読売35%)となった。この低落傾向は他社も同じであった。

国民は明らかに「五輪と政治は別」と考えており、菅政権が目論んだ「五輪開催の興奮や熱気とともに支持率を上げ、そのまま衆院選になだれ込む」という構想は、完全に破綻した。さらに、8月22日に投開票された横浜市長選でも、菅首相が全面支援した小此木前国家公安委員長が野党候補に大差で敗れ、菅政権への逆風はさらに強まった。

最終的に菅首相は9月末の総裁選に出馬できず、菅内閣は1年で任期を終えた。国民の命を賭けた五輪開催というギャンブルは、完全な失敗に終わったのである。

第二章

あらかじめ裏切られていた五輪

†数々の嘘

東京五輪がそもそも開催するに値しないイベントだと考察する際、まず挙げるべきは、招致時の数々の嘘やごまかしであろう。

招致委員会がＩＯＣ総会で発表した「立候補ファイル」には、7月下旬からの開催期間を、「この時期の天候は晴れる日が多く、且つ温暖であるため、アスリートが最高の状態で、パフォーマンスを発揮できる理想的な気候である」とあった。これは東京都のＨＰでいまだに閲覧できるので、是非ご覧頂きたい。だが近年の東京の夏を「温暖」などと感じている人がいるだろうか。本当に理想的な気候であったのなら、なぜＩＯＣは強制的にマラソンと競歩の開催を札幌に移したのだろうか。

さらに立候補ファイルにあったのが、東京の半径8キロ以内にすべての競技会場が配置され、国立競技場以外はすべて既存の施設を使用する、成熟都市東京における「史上最もコンパクトな大会」というスローガンであった。

だが実際にはコンパクトどころか、競技会場は東京都以外に北海道・宮城・福島・茨城・千葉・埼玉・神奈川・静岡にまで広がり、国立競技場以外に6つの競技会場が新設された。これは、五輪を利用しようとする政治・経済の権力層によって徹底的に利用し尽くされたからだったが、その結果、立候補時の公約は完全な虚偽となった。

安倍内閣によって提唱された「復興五輪」というスローガンも、元から胡散臭いものだったが、菅内閣で「人類がコロナに打ち勝った証の五輪」にすり替えられ、開催時にはほとんど聞かれなくなっていった。だがこの「コロナに〜」も、実際は感染爆発で打ち勝つどころか完敗したのだから、国民の支持はまったく受けられなかった。つまり、このスローガンも嘘だったのだ。

こうしてみると、東京五輪で唱えられた多くのスローガンが、実は国民を欺くためのデマゴギーに過ぎなかったことが見えてくる。最初の招致段階でとんでもない嘘をついていたのだから、その後も延々と虚偽が続いても、それを恥ずかしいと考えもしなかった。モラルハザードは最初の時点から始まっていたのである。

†福島第一原発はアンダーコントロール?

招致決定の2013年は、11年の東京電力福島第一原発事故からまだ2年あまりしか経っておらず、東京が開催都市に選ばれるためには、諸外国の不安を払拭する必要があった。そこで安倍首相(当時)は、廃炉作業もまだろくに進まず、特にタービン建屋地下や、外の坑道に高濃度の放射能汚染水が溜まっていた問題を無視して「福島原発はアンダーコントロール」と言い放ち、結果的にはこの一言が、東京招致成功の大きな勝因となった。

しかし、当時も今も、福島第一原発が「アンダーコントロール」状態にあるかと言えば、疑問符がつく。現在も、簡単に言えば建屋にジャブジャブ水を入れて壊れた原子炉を冷やしているだけで、万一その冷却が止まれば即、危機的な事態を招くからだ。

そして、壊れた原子炉の冷却に使った水が汚染水となって溜まり続ける構図は、まったく変わっていない。廃炉計画は当初の計画より遅れ続け、原子力緊急事態宣言もいまだに解除されていない。事故から10年経ってもこうなのに、なぜ13年の段階で「アンダーコントロール」などと言えたのか。結局はこれも、東京の7月は温暖で理想的な気候というのと同様の、その場しのぎのごまかしだったのではないか。

そして安倍内閣は「原発がアンダーコントロール」である東京五輪を「復興五輪」と銘打ったが、これも完全な欺瞞だった。復興の支援となるはずが、開催関連工事が東京に集中したことによって資材や人件費の高騰を生み、かえって復興の妨げとなった。肝心の競技も、福島と宮城で野球とソフトボール、サッカーの予選数試合が行われただけだった。

そして菅内閣は「人類がコロナに打ち勝った証としての五輪開催」をスローガンとし、いつしか「復興五輪」という言葉も使われなくなった。

地元紙『福島民報』が8月に、復興状況や支援への感謝などを国内外に伝えることができたと思うかを県民調査したところ、「伝えられなかった」とする回答が58・3％に上った。福島県民が一番、欺瞞を理解していたのである。

†スポンサー数、過去最高のカラクリ

スポンサー企業はロンドン大会が14社、リオ大会が19社だった（サプライヤー除く）が、東京大会はスポンサーだけで67社にのぼり、その協賛金は発表されているだけでも３４０0億円以上にのぼっている。過去最高だったロンドン五輪のスポンサー収入は11億ドルだったから、その約3倍の額を集めたことになる。

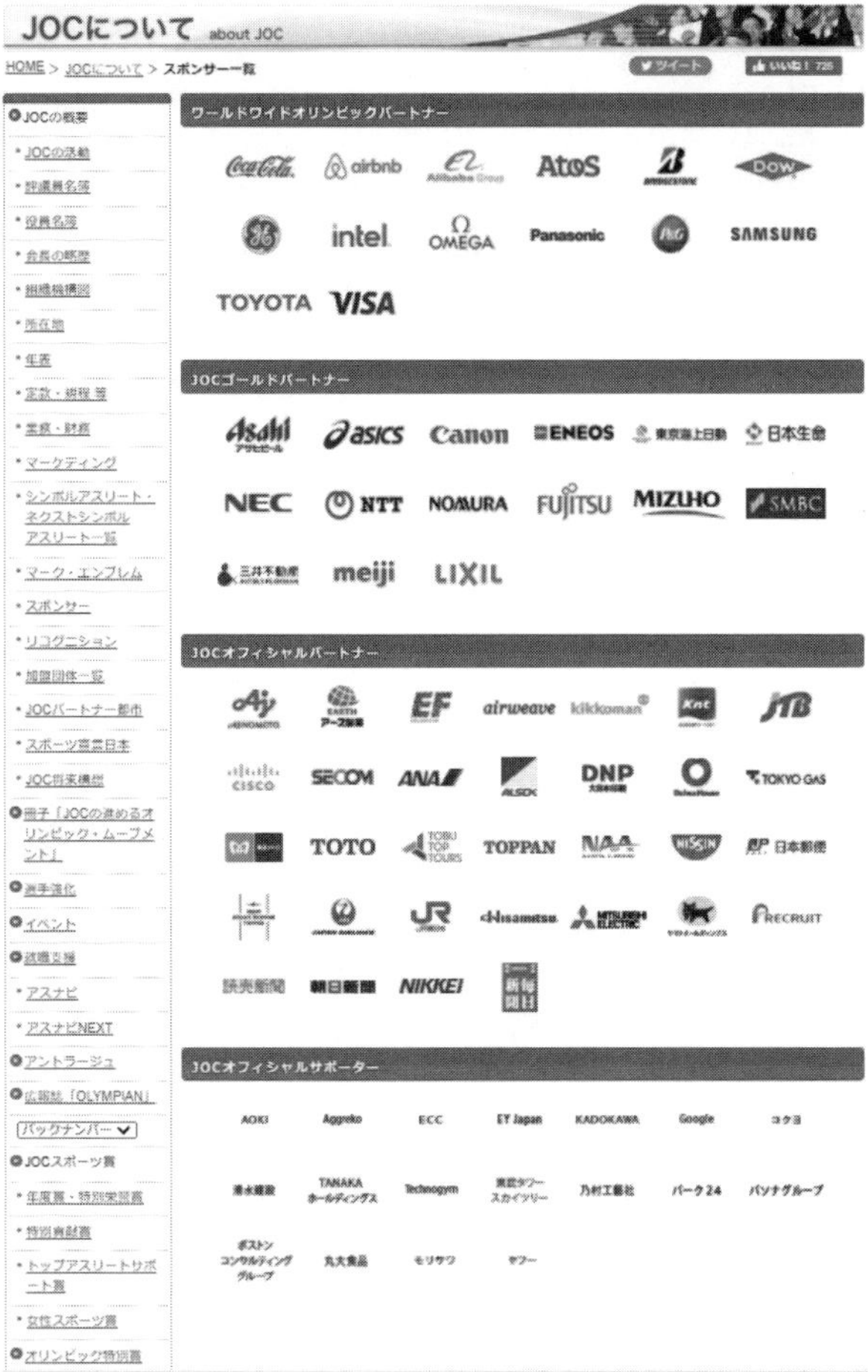

日本オリンピック委員会ホームページより「スポンサー一覧」

ＩＯＣのジョン・コーツ副会長も、この金額を「驚異的」と言っている。しかもこの額は、ＩＯＣと直接契約し、全世界で五輪ブランドを活用した広報活動を通年にわたって行える「ワールドワイドパートナー」（13社）による協賛金を別勘定にしてのものだった。

組織委と契約する日本国内のスポンサーは、東京大会では上から「ゴールドパートナー」（15社）、「オフィシャルパートナー」（32社）、「オフィシャルサポーター」（20社）と協賛金額によってランク分けされている。

個々の契約金額は秘密扱いのため明らかにされていないが、総額から推測して、ゴールドは1社あたり約１５０億円、オフィシャルパートナーは約60億円。オフィシャルサポーターは20億〜30億程度と考えられている。ちなみに、ワールドワイドパートナーは複数年あるいは複数大会契約で、1年あたり約百億円という桁違いの額を払っている。その金額があまりに巨額なため、長年ワールドスポンサーを務めたマクドナルド社が支出に見合わないとして、18年にスポンサー契約を終了したことも話題となった。

東京大会でこれだけの額の協賛金を集められたのは、従来ほぼ守られてきた「1業種1社」の原則を破って、スポンサー収入の最大化を図ったからだ。

その結果、食品業種では味の素、キッコーマン、日清食品などが名を連ね、印刷業種で大日本印刷と凸版印刷。航空業界ではＪＡＬとＡＮＡが参加するといったカニバリズム

（共食い）現象が起き、マーケティング価値は低下した。それを承知で多くの企業がスポンサーになったのは、ライバル社にだけ五輪ロゴをつけさせたくないという競争心を巧みに利用されたからだろう。そして、こうしたスポンサー企業の権利保護ばかり重視し過ぎた結果、アスリートが所属する企業や出身校でさえも壮行会を公開できないという事態が生じ、強い批判を浴びた。

†さまざまな権威を纏う

2013年に招致が決定すると、IOCの権威を国内でも通用させるべく、日本の組織委は官民指導層の取り込みを行い、あらゆる権威を纏うことに腐心してきた。

政府によるバックアップは当然として、国会でも2013年10月15日、政府に競技場の整備などの総合的対策を求める決議が行われた。このとき衆院は全会一致、参院で反対したのは当時無所属であった山本太郎氏だけだった。当時、野党もこぞってこの決議に賛成してしまったことが、コロナ禍の国会でも、五輪中止の論戦が盛り上がらなかった遠因となった（唯一、共産党は21年初頭から五輪中止を提案していた）。

そして、組織委内にはアスリート、産官学、文化芸術などの有名人、企業経営者などを集めた専門委員会がある。その名称と委員長の名前を挙げてみよう。

・アスリート委員会　高橋尚子氏（陸上競技）
・街づくり・持続可能性委員会　小宮山宏氏（三菱総合研究所理事長、元東京大学総長）
・文化・教育委員会　青柳正規氏（東京大学名誉教授、多摩美術大学理事長、奈良県立橿原考古学研究所所長）
・経済・テクノロジー委員会　大田弘子氏（政策研究大学院大学特別教授）
・メディア委員会　日枝久氏（フジ・メディア・ホールディングス取締役相談役、フジテレビジョン取締役相談役）
・テクノロジー諮問委員会　國領二郎氏（慶應義塾大学教授・常任理事）
・ブランドアドバイザリー委員会（委員長なし）
・共同実施事業管理委員会　多羅尾光睦氏（東京都副知事）

いずれも「五輪の権威」を高めるために、各界の第一人者を集めていた。あらゆる分野の業界から協力を募るためであり、極めて用意周到だったと言えるだろう。

中でもメディア委員会を設置する意味は非常に大きい。メディアを取り込むのは、開催を喜ぶ世論の醸成装置としての役割は当然だが、逆に五輪にとってマイナスになるネガティブ情報が出た場合の、危機管理装置としての役割もあったからだ。

†あらゆるメディアを抱き込む意味

では、そのメディア委員会の主な構成者を見てみよう（委員長・副委員長以下の氏名は省略、組織委HP掲載順）。

・委員長　フジ・メディア・ホールディングス取締役相談役　日枝久氏
・副委員長　共同通信社顧問　石川聡氏

【役員】
・テレビ東京広報局次長兼広報部長
・日本テレビ放送スポーツ局長
・TBSテレビ　東京オリンピック・パラリンピック室長
・テレビ朝日スポーツ局　プロデューサー
・毎日新聞オリンピック・パラリンピック室委員兼編集局編集委員
・産経新聞社　上席執行役員
・文化放送放送事業本部副本部長兼営業局長
・スカパーJSAT株式会社　執行役員
・時事通信社取締役

・フジテレビジョン　スポーツ局長
・共同通信社専務理事
・日本民間放送連盟　事務局次長兼スポーツ業務部長
・日本新聞協会専務理事
・エフエム東京　編成制作局報道・情報センター部長
・朝日新聞社　オリンピック・パラリンピック・スポーツ戦略室長
・日本放送協会2020東京オリンピック・パラリンピック実施本部副本部長
・株式会社ニッポン放送　代表取締役社長
・読売新聞東京本社　執行役員
・日本雑誌協会　事務局長

いずれも日本を代表するメディアばかりである。そして、ここに名前のあるメディアは、社の代表を送り込んでいるから、どうしても五輪に対してネガティブな報道をしなくなる。

さらに、全国紙5紙（朝日、毎日、読売、日経、産経）は、五輪スポンサーにまでなっていた。つまり五輪の成功が共通利益になっているのだから、真に批判的な記事が書けるはずがない。だが過去の五輪で報道機関がスポンサーになった例はほとんど無く、日本の特異性は際立っていた。この「報道機関のスポンサー化」は「報道の死」を意味しており、五輪翼賛報道の諸悪の根源であった。メディア委員会に名前のない東京新聞や、週刊文春などが五輪に対して厳しい報道をしてきたことから比較しても、その差は明らかだった。

例えば、これら大手メディアは、東京五輪のもっとも基本的で重大な問題である、7月の酷暑開催の是非について、ほとんど問題提起してこなかった。

熱中症警報が繰り返され、外出はするな、涼しい場所にいろと行政が注意喚起する時期に、屋外での移動や長時間の観戦を要する五輪開催は生命の危険すらあり、国民の生命と健康を守る方針と完全に矛盾していた。

だが、招致の段階で日本側はこの期間を「温暖で選手のパフォーマンスを発揮しやすい季節」などと嘘をついて誘致してしまった。また、真夏の開催は放映権を持つ米NBCテレビの強い意向であるため、酷暑を問題にすることはタブー扱いだったのだ。

ただもちろん、新聞社が酷暑問題をまったく報道しなかった訳ではない。開催1年前の2019年夏には、酷暑下での観戦には危険が伴うことや、組織委の様々な取り組み（その多くは効果がなかったが）を報じたりしていた。

だが、そのほとんどは「暑さは危険」という当たり前の事実を報じ、観戦者に自衛の必要性を説くだけだった。死者が出るほどの酷暑の下で、なぜ五輪を開催するのか、そんな危険な時期の五輪開催は避けるべきではないか、という根本問題について言及することは、慎重に避けられていた。

例えば朝日新聞2019年8月10日の紙面では「五輪の猛暑　観客も備えよう」というタイトルで、酷暑下の観戦に疑問を呈することなく、「一般の人も体作りを」という専門家の言葉を伝えて、真夏の開催を正当化する記事を掲載した。読者に、開催についての疑念を抱かせるような報道はしないという鉄則を見事に守っていたのだ。酷暑問題以外でも、11万人以上のボランティアの無償労働や、際限のない開催費用の膨張を批判することも、ほとんど行われてこなかった。

さらに、新聞社が書かない以上、クロスオーナーシップ（相互所有）で結ばれた民放テレビ局でも、五輪にとって本当に都合の悪い報道は、慎重に排除されてきた。

そして長い間、新聞社やテレビ局にとって最大のNGワードとなっていたのが、「東京五輪中止」である。

21年に入っても、様々な世論調査で五輪中止または再延期を求める声が7～8割に達していたのに、全国紙が中止を検討したり、要請したりするような記事を掲載したことは5月26日に朝日新聞が社説で五輪中止を求めるまで、一度もなかった。中止という単語は「NYタイムズやワシントンポストのような、海外のメディアは中止すべきと言っている」という伝聞記事において登場するのみで、自社の記事には登場しなかったのだ。

だがこのNGワードは4月15日、五輪推進の立場に立つはずの自民党の二階幹事長が「もしどうしても無理なら、スパッと中止すべきだ」と発言したことにより解禁された。推進側の中心人物のおかげでタブーが破られ、全国紙もようやく五輪中止というワードを紙面で使えるようになったのだから、なんとも皮肉であった。

†半官半民で、コスト監視ができない仕組みを構築

こうしたメディアの抱き込みで世論操作を画策する一方で、組織委はさらにもっとも実質的な部分である、カネの流れを第三者に検証させないシステムを作り上げている。

21年4月1日時点の組織委職員数は3929名。東京都1113名、国から73名、地方自治体からの出向者477名などの公務員と、民間910名（電通やスポンサー企業等からの出向者）、契約社員954名、人材派遣371名などで構成されていた。特に電通は約150名を常駐させており、同社のスポーツ局の人員を合わせれば、常時数百名が五輪業務に従事していた。

この人員構成を見れば明らかだが、組織委は公益財団法人でありながら、民間法人としての形もとっている。つまり半官半民であり、みなし公務員という位置づけだったのだ。

つまり、国民に対してはお堅い官の顔をちらつかせながら、スポンサー契約やチケット

販売、様々な資材の調達は民間の手法で行っていた。民間契約ならば守秘義務があるため、いちいち国会などで開示請求に答える義務も無くなるというわけで、これは極めて巧妙な手法であった。

もう少しわかりやすく言うならば、組織委の出してくる費用概算はすべて総額であり、その根拠になる細かな単価、積算根拠は示されていないと言うことだ。チェックが不可能なので、提示金額が正しいかどうか、第三者には確かめようがない。

例えば、組織委はスポンサー収入の総額を3400億円と公表してきた。その真偽を確かめるため、その根拠となる企業別のスポンサー料金の開示を求めたが、それは秘密保持契約があるからダメだという。だがそれで許されるなら、本当のスポンサー収入がいくらなのか、分からないではないか。

21年3月31日、毎日新聞は「五輪費用、あれもこれも総額　組織委、実際単価示さず「参考値」」という記事を掲載した。そこには、

「五輪競技会場の運営は企業が担うため、そこにかかる費用は「民民契約」で決まる。そのため、予算はより見えなくなる。組織委は国から「公益性」を認定された税制優遇のある公益財団法人。予算書や事業計画書などの開示義務はあるものの、会場の運営委託費については、テスト大会の委託先と委託費の総額が開示されているのみ。そこにも人件費単

価などの積算根拠は示されていない」

と報じられていた。

東京五輪は招致の際、約7400億円で開催できると言われていたが、現在の組織委発表による総コストは1兆6440億円で、その2倍以上にのぼる。さらに国と東京都は合わせてさらに1兆8000億円の税金を五輪用に使っており、それを合わせれば、今回の五輪に費やす金額は約3兆5000億円と、目もくらむばかりの巨額となる。しかもその大半は税金なのだから、五輪開催費用の中身は厳しく検証されなければならない。

それなのに、組織委は民民契約を盾にして、新聞社や国会での野党議員の追及にも、様々な契約内容や積算根拠を明かさない。これこそまさに、五輪とは徹底的に国民の税金を吸い上げる「夢の集金システム」なのだ、という証左ではないか。ボイコフが唱えた祝賀資本主義（詳細後述）は、凄まじいばかりに税金をむさぼり食うのであった。

†報道機関がスポンサーになった大罪

新聞社のうち、全国紙といわれる大手紙が五輪スポンサーになっていたことを、もう少し詳しく見てみよう。

国内スポンサー第二ランクのオフィシャルパートナーには朝日、読売、毎日、日経の各社が入り、産経新聞社と北海道新聞社も、その下位カテゴリーのオフィシャルサポーターに名を連ねている。

つまり全国紙すべてが東京五輪のスポンサーになっていたわけだが、これはきわめて異様な事態だった。報道機関がこういうかたちで参画することは、ロンドン大会でもリオ大会でもあり得なかった。言うまでもないが、スポンサーになって協賛金を払うということは、主催者（組織委）と利益を共有する立場になるということである。そんな立場で、公正な報道、ジャーナリズムとしての組織委の監視など、できるはずがなかった。

テレビ局にとっては、新聞社とクロスオーナーシップで結びついているという以上に、多くのスポンサー企業と、組織委の広報を一手に握る電通の存在が非常に大きかった。テレビCMで3割以上のシェアを持つ世界一の広告代理店である電通は、特に放送業界には強い影響力を持っているからだ。

電通は社員の過労自殺と持続化給付金事務事業の受託問題で世の批判を浴びたが、電通批判は巨額の広告費に依存する業界にとっては、タブーと言ってもいい。同様に、五輪を批判するということは、電通を批判することであり、CM出稿をしてくれるスポンサー企業を批判することでもあるから、それらに対して忖度が働くのも当然だと言えた。

さらに言えば、前述したように組織委には助言機関として「メディア委員会」があり、委員長の日枝久・フジ・メディア・ホールディングス取締役相談役、副委員長の石川聡・共同通信社顧問をはじめ、全国紙や在京キー局など大手メディアの幹部や編集委員ら39人がメンバーになっていた。まさにメディア業界を挙げての「翼賛体制」が出来上がっていたのだ。自らの所属する組織の長が五輪推進の中枢にいるのに、その行為を批判するような報道ができるほど、日本のメディアは成熟していなかった。

だが各新聞社はスポンサー契約を結ぶにあたり「報道は公正を貫く」などと宣言していた。編集と広告・事業の間にはファイヤーウォールがある、と記者たちも言うかもしれない。だがそれはあくまで建前である。

例えば、朝日新聞が、自らが主催する夏の高校野球大会における女子マネージャーのあり方や、炎天下の大会開催などに対し、批判的な記事を載せたことがあっただろうか。また、東京電力福島第一原発の事故が起こる以前に、原発の危険性と土砂降りのような原発広告を批判的に検証する記事を、大手紙が書いたことがあっただろうか。筆者は拙著『原発広告』を書く際に、原発事故以前の各社の記事40年分をチェックしたが、そのような記事は皆無に近かった。

ただでさえ、日本の新聞社は広告費を出してくれるスポンサーへの忖度の度合いが強い。その上さらにポンサーになってしまっては、報道する義務を自ら捨てたも同然であった。

†仏検察が竹田JOC会長を訴追準備という激震

2019年1月、フランス検察当局がJOCの竹田恆和会長を東京五輪招致における贈賄容疑で訴追準備に入ったと仏メディアが報じ、わが国でも大騒ぎになった。

この問題をかいつまんで説明すると、2013年の五輪招致活動中に、国際陸上競技連盟前会長のラミン・ディアク氏の息子に関係するシンガポールのコンサルティング会社、ブラック・タイディングス社にJOCが電通を通じて約2億3000万円を支払っていたことが仏検察の捜査によって明らかとなり、それがアフリカ諸国の票を取りまとめるための賄賂だったのではないかと指摘されていたのだ。

この問題は2016年5月に発覚し、当時の国会に招致された竹田会長は送金の事実を認めたものの賄賂の認識はなく、単なるコンサル料だったと証言した。また、JOCが設置した第三者委員会も適当な調査結果を発表してお茶を濁し、大手メディアも電通が絡んでいることで、ほとんど追及せずに終わっていた。しかし、仏検察は捜査を続行し、綿密に証拠を積み上げていたのだ。

ではなぜそのニュースがJOCに激震をもたらしたかというと、竹田氏自身は「訴追された」と言わなかったが、仏ル・モンド紙では「起訴された」と報じていて、フランス刑法的にはすでに訴追状態にあるのと同じであり、しかも裁判になれば有罪判決がほぼ間違いないと言われていたからだ。仏国内でこのような訴追状態になった政治家は今まで例外なく辞任しているので、それと同じ状態におかれた竹田氏がどれほど有罪という印象が強いか、自明だったのだ。

2019年1月15日、竹田会長は記者会見を行ったが、その記者会見には海外メディアも多数集まっていたのに質問を一切受け付けず、わずか7分で会見を打ち切るという失態を演じた。質問によってボロが出ることを嫌ったのだろうが、質問を受け付けないのは仏検察が捜査中だからだという論理は、国内の惰弱なメディア相手ならともかく、海外メディアにはまったく通用しなかった。集まった海外メディアからは批判が殺到し、疑惑はより一層深まったという報道が世界中を駆け回った。これにより、日本の五輪招致の正当性は大きく揺らいだ。

†竹田会長退任――五輪返上に触れなかった全国紙の異常

2019年6月、2億3000万円の賄賂疑惑を払拭することができず、ついに竹田会長が退任した。報道が先行して辞任はほぼ既定路線だったが、任期満了による退任なのか、即刻辞任するかははっきりしていなかった。結果的には、なぜ辞めるのかはっきりさせないまま、任期満了の6月末での退任となった。大手メディアもこの点に関しては疑問視する報道が多かったが、全体的には五輪開催資格に対する疑義には迫らず、竹田氏退任でお茶を濁そうとする姿勢が目立った。

以下に全国紙が配信した社説から、気になる部分を抜粋するが、即刻辞任を要求したのは産経新聞だけだった。朝日・毎日・読売・日経がオフィシャルパートナーなのに、産経は全国紙で1社だけオフィシャルサポーターと「格落ち」で、スポンサー料が4社に比べて少ないためか、日頃からJOCや組織委に対して厳しい論調が目立っていた。

・朝日新聞「竹田氏退任へ危機感欠如のJOC」

竹田氏が退任しても問題が解決するわけではない。贈賄疑惑に関するJOCの報告書は、関係者の聞き取りも不十分でおよそ納得できる代物ではない。速やかに再調査に取り組み説明責任を果たさなければならない。そのうえで、JOCの組織のあり方についても見直しを進める必要がある。

昨年、スポーツ団体に不祥事が相次いだ。目についたのは、長期にわたって君臨するリーダーへの権力の集中、理事会の形骸化、相互チェックの不在だった。団体を統括するJOCにも同じ「病」がうかがえる。

・毎日新聞「JOC会長が退任表明自らを律する新執行部に」

ＪＯＣは当初「選任時70歳未満」という役員の定年規定を改正して「竹田体制」で東京五輪まで乗り切る方針だったが、スポーツ庁などが役員任期の長期化を批判したことも逆風になった。

開催都市である東京都の小池百合子知事は招致不正疑惑について「何があって、誰が何をどうしたのかということについて改めて確認したい」と説明。前日に竹田会長から退任の連絡を受けたという大会組織委員会の森喜朗会長は「東京五輪直前に辞めるのは残念。(後任は)少なくともすぐに定年の心配をしなくていい人を」との見解を示した。

・読売新聞「竹田ＪＯＣ会長退任の決断はやむをえない」

スポーツ界では、パワハラや不正経理などの不祥事が相次ぐ。ＪＯＣ会長として、競技団体を統括すべき竹田氏の指導力が不十分だったと言わざるを得ない。スポーツ庁は、競技団体のガバナンス(組織統治)コードを策定する。素案には、役員の年齢や再任回数の制限を盛り込んだ。選手が競技に集中できる環境整備が大切だ。ＪＯＣには、新会長の下で、統括団体としての責務を果たすことが求められる。

・産経新聞「竹田会長の退任ＪＯＣは解体的出直しを」

フランス司法当局が正式に捜査している現状を受け、竹田氏は1月以降、捜査権限の及ばぬ日本から出ていない。ＩＯＣ委員としての役割はもはや期待できず、辞任は当然である。それでもJOC会長にとどまり続ける姿勢には危機感が感じられず、理解に苦しむ。「辞任すれば疑惑を認めたことになる」という関係者の指摘は、思い違いも甚だしい。

捜査の進展次第で、フランス当局が任期満了を待たずに訴追する恐れもある。そうなれば、日本スポーツ界の一層の混乱は避けられない。即刻、身を引くのが正しい責任の取り方ではないか。


全紙の社説を見渡して唖然とするのは、どこも竹田氏の退任には異議を唱えず仕方ないとするものの、彼が辞めることにより発生するはずの「東京五輪返上という本質的議論の必要性」にはまったく触れていないことだった。朝日も「退任しても問題が解決するわけではない」と書きながら、その「問題」が何なのかについて書くことは慎重に避けていた。読売に至っては、退任の原因をスポーツ界の不祥事増加に求めていて、フランス検察による訴追にはまったく触れていないのだから驚愕であった。

産経が書いたように、竹田氏はフランス検察の嫌疑を払拭することができないから辞任するのは明らかだった。彼が（というより招致委が）提供した2億3000万円でアフリカ諸国を中心に約20票が動いたと言われており、その票によって東京開催が決定したのだとしたら、開催の正当性が完全に否定されることになる。

事実、招致の最終投票はマドリードとイスタンブールとの争いだったが、一回目の投票は東京が42票でトップ、マドリードとイスタンブールがそれぞれ26票だった。もしアフリカ諸国の20票が無かったら、東京は22票で競合する2都市よりも少なかった可能性があり、一回目の投票で敗退していたかもしれない。この事実を国内メディアは完全にスルーしていたのである。

第三章

相次ぐ不祥事と電通の影

†ケチのつき始め、五輪エンブレム盗作問題

２０１５年7月24日、ＮＨＫ夜7時のニュースに合わせて行われたエンブレムの発表は異様だった。

都内の会場に山ほどサクラを集め、カウントダウンと共に華々しく登場したエンブレムに対し、会場からはパラパラと拍手は起きたものの、熱狂も歓声も起きず、むしろため息ばかりがテレビ画面を通して伝わってきたからだ。巨大なパネルに映し出されたエンブレムデザインが、集まった観衆の期待を裏切ったことは明らかで、ＮＨＫのアナウンサーだ

けが必死に盛り上げようとしていたのが痛々しかったことを、今も鮮明に覚えている。
ほどなくして、ベルギーのリエージュ劇場がデザイン盗用ではないかと抗議したことで、佐野研二郎氏のそれまでの複数作品に疑惑が生じ、たった一か月あまりで組織委はエンブレムの撤回に追い込まれた。思えば、これがその後連綿と続いた、東京五輪の様々な問題の発端となったのだった。エンブレム問題の経緯を時系列で振り返る。

2015年7月24日 東京五輪エンブレムのデザインは佐野研二郎氏に決定と発表
7月27日 ベルギー・リエージュ劇場、デザイン盗用疑いで法的措置を検討開始
7月30日 スペインのデザイン事務所作品にも似ているとの指摘
7月31日 佐野氏、盗用疑惑を否定するコメントを発表
8月3日 リエージュ劇場制作者オリビエ・ドビ氏、JOCにエンブレム使用差し止め文書送付
8月5日 佐野氏本人が会見、盗用疑惑を否定
8月6日 サントリートートバッグデザインや過去作品の検証画像がネット上で拡散
8月13日 サントリーがトートバッグ等一部の景品を発送中止
8月14日 ドビ氏、リエージュ民事裁判所に正式提訴

8月15日　佐野氏、トートバッグは部下のトレースだったとHPで釈明
8月18日　佐野氏デザインの東山動物園シンボルマークがコスタリカ国立博物館のマークと類似の指摘
8月26日　審査委員長の永井一正氏、決定案は原案からの修正案であることを

撤回に追い込まれた当初案（上左）とリエージュ劇場のマーク（上右）。下は最終的に決定した東京五輪エンブレム

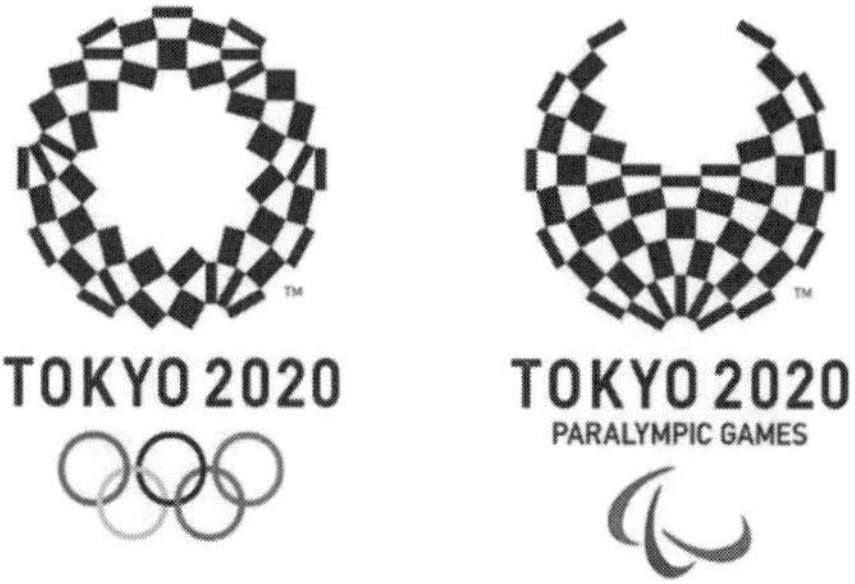

発表

8月28日　組織委、原案と修正案を公開。「オリジナルと確信」と声明

9月1日　エンブレム使用展開案のイラストが、他サイトからの無断転用ではないかとの指摘

同　佐野氏原案、13年11月の「ヤン・チヒョルト展」との類似が指摘される

同　組織委、東京五輪エンブレムの使用中止を発表

†エンブレム問題の核心は電通の関与

時系列で見ていくと、佐野氏のデザイン実績に対してネット民から猛烈なチェックとバッシングがあり、結果的にサントリーが盗作疑惑によって景品の発送を中止したことが大きく響いた。スポンサーが佐野氏のデザインに「ノー」を突きつけたのだ。これは事務所所属のデザイナーが作ったもので、自分のチェックミスと佐野氏は弁明したが、それもかえって火に油を注ぐ結果となった。

しかしこの問題の核心は、佐野氏の適正云々よりも、彼をデザイナーに選んだ審査委員会の不透明さにあった。

公募期間はわずか2か月と短く、8人もの招待作家がいたことも秘密にされていた。さらに、審査会上で明らかに佐野氏を推す言動があった。そこにはデザイン界の狭いトモダチ関係と、電通の意向が介在していた。

最終的に、最初から佐野氏を選ぶための出来レースだったことも明るみに出て、審査委のみならず、五輪組織委に対しても不信感が爆発したのだ。この核心部分については、エンブレム審査委の一員だったアートディレクターの平野敬子氏が内幕を暴露するブログを開設し、大きな反響を呼んだ。

佐野氏にとってはさらに不幸なことに、エンブレム問題勃発の直前に、新国立競技場の建設に関する野放図な予算の膨張に対し、国民からの批判が高まっていた。6月には、当初1300億円と見積もられていた建設費が3000億円以上になることが判明し、批判が殺到。当時の下村博文文科大臣は収拾にもたつき、7月に安倍首相自らが建設計画の白紙化を決定した。このゴタゴタが、国民の五輪事業に対する視線を一層厳しくし、エンブレム問題追及に対する関心の高さに繋がったと考えられる。

13年の五輪招致決定の熱が冷め、組織委を頂点とした政界や財界、電通やゼネコン等、「一部の既得権益層」が五輪を私物化しているのではないかという疑念が、沸点に達していたのだった。

これまでのオリンピックでも、こうした問題はあったのかもしれないが、インターネットとSNSの拡散力が疑念を増幅させた。大手メディアもネット上での話題を常にチェックして自社でも取り上げる仕組みになっていたため、騒ぎを無視できなくなっていた。

そして一連の混乱の責任を取る形で、電通からの出向であった組織委の槙英俊マーケティング局長と、高崎卓馬企画財務局クリエーティブ・ディレクターが更迭され、電通に戻った。高崎氏の名は後述する平野氏のブログにも、不正のキーパーソンとして頻繁に登場する。

†内部告発とデザイン業界の異様

平野氏のブログ（HIRANO KEIKO'S OFFICIAL BLOG）は、佐野氏エンブレム撤回の約1か月後の15年10月10日から始まっている。

氏はそれまでブログ等を開設していなかったから、エンブレム問題を語るためだけにその場を設けたのだった。そこには、審査に関わった人々がすべて沈黙し、真相が語られないことへの強い憤りがあったことが読み取れる。平野氏はこのブログに関する一切の取材を拒否し、また内容の転載等も禁じているため、その趣旨を簡潔に解説すると、だいたい以下の9つが五輪エンブレム問題の核心になるだろう（番号はブログナンバー）。

1　公募期間がわずか2か月間という異様な短さへの疑問（002）
2　電通の高崎卓馬氏による「展開力」という概念の強要（003）
3　招待作家8名の存在が審査委員にも他の96名の応募者にも隠されていた（004）
4　東京アートディレクターズクラブ（ADC）などにおける談合の告発（006）
5　8月28日の五輪組織委釈明会見での虚偽報告の指摘（007・008）
6　選考過程の一切の口外を禁止という秘密保持誓約書へのサイン要求を拒否（011）
7　組織委の聞き取り調査を辞退した理由とその経過（018〜020）
8　12月18日発表の組織委調査報告書への疑義と批判（023）
9　16年6月25日のJAGDA「エンブレム問題への公式見解」に対する批判（036〜）

平野氏の告発は詳細を極めているが、15年当時、情けないことに組織委をはじめ、不正の責任者として名指しされた審査委の永井一正委員長をはじめとする関係者は誰も反論せず、ひたすら沈黙して逃げ回る姿勢を貫いていた。本来であれば、少なくとも平野氏以外の審査に関わった人々は積極的に内幕を話すべきだったのに、誰もそうしなかった。

そして、当初審査委の内幕暴露だったブログの矛先は、その後日本グラフィックデザイナー協会（JAGDA）に向いていく。協会が16年6月25日に発表した「東京2020オリンピック・パラリンピック競技大会エンブレム第一回設計競技について」という公式見解文書は、理事などによる独断専横で作られており、問題のエンブレム選定は基本的に間違いではなかった、というとんでもない内容だった。

もちろん平野氏はこれを容認せず、氏をはじめとする他の審査委員にも事実確認していなかったとして「イカサマ」という強い言葉で徹底的に批判した。平野氏は開かれた場での議論を求めたが、JAGDA理事会は弁護士名での文書を送りつけてきて、これを拒否した。

このJAGDAはグラフィックデザイン団体で唯一の社団法人であり、3000人もの会員を有しているが、平野氏に同調してこの蛮行を表だって批判した人はいなかった。業界の先輩には逆らわず、そして五輪を私物化しデザインの価値を貶めた電通に対しても沈黙して批判していない。なお、平野氏のブログはこの問題について17年11月17日「048退会届」の記述を最後に以降更新されていない（21年9月時点）。

†フランスからの狙撃——オリンピック誘致裏金疑惑

エンブレム問題はあまりにも反響が大きすぎたので、大手メディアはこぞって報道したが、盗用疑惑を起こした佐野研二郎氏の個人的な資質の問題と、彼の採用を強行した審査委員会の公平性への疑問に矮小化され、ネットメディア以外では、電通の介在はほぼスルーされていた。そしてＪＯＣもその線で幕引きをはかり、再度オープンな形でエンブレムを公募し、地に堕ちた五輪のイメージ回復を図ろうとした。

しかし、次の矢はなんと海の向こうから飛んできた。エンブレム問題が沈静化してから約半年後の２０１６年5月11日、英紙ガーディアンは、東京五輪招致委が五輪招致獲得のために、１億６０００万円を開催都市の投票権を持っていた元国際陸上連盟会長のラミン・ディアク氏の息子が関係する「ブラック・タイディングス社」の口座に送金した疑いがあり、フランス検察が捜査中であると報じたのだ。前章でも触れたが、この問題がどう報道されたか、追加で検証する。

簡単に言えば、五輪招致獲得のための裏金が送金されたのではないか、という意味だ。当初、五輪招致委（当時）はこれを否定したものの、13日には合計で2億２３００万円をコンサル料としてこの会社に送金したと発表した。

16年5月16日に衆院予算委に参考人として呼ばれた当時のＪＯＣ会長の竹田恆和氏は、問題とされる送金口座は、売り込みのあったコンサルティング業者の中から電通の推薦で決めた、と証言した。ここでまたもや電通の名前が登場したのだ。

ＪＯＣや五輪組織委の大半は東京都や各省庁からの寄せ集めであり、広告や国際イベントの知識などないから、電通からの出向組が実務を取り仕切っていた。竹田氏の証言は、まさにその実情を的確に表していたのだ。

もちろん、コンサル料といえば聞こえはいいが、要するに投票権を持つキーマンにどれだけ近づき、懇意にできるかということであり、送金されたカネが賄賂として使われることは誰にでも容易に想像できる。当然、その会社がどのような素性の組織なのか、電通はよく分かっているからこそ、竹田会長に推薦したはずだ。

この事件は野党の民進党（当時）が素早く調査チームを立ち上げて関係者を国会招致したため、テレビ各局を含め多くのメディアで取り上げられた。だがそこでもまたもや、民放各社の電通への忖度が話題になった。ガーディアンが掲載した関係者相関図には電通の名前がしっかり出ていたが、日本の報道ではその名がないか、「広告会社D社」と表記されていたからだ。民進党の玉木衆院議員が国会質問で使用したパネルの表記も「D社」になっていた。

玉木氏は、これは当初電通と表記していたが、自民党側から抗議がつき、パネル使用ができなくなるよりは、ということでD社にしたとツイートした。つまり、自民党には電通の名を出すことを好ましくないとする議員がいたのだ。

『週刊プレイボーイ』が、17年2月にフランス検察が捜査官を日本に送り、ＪＯＣを家宅

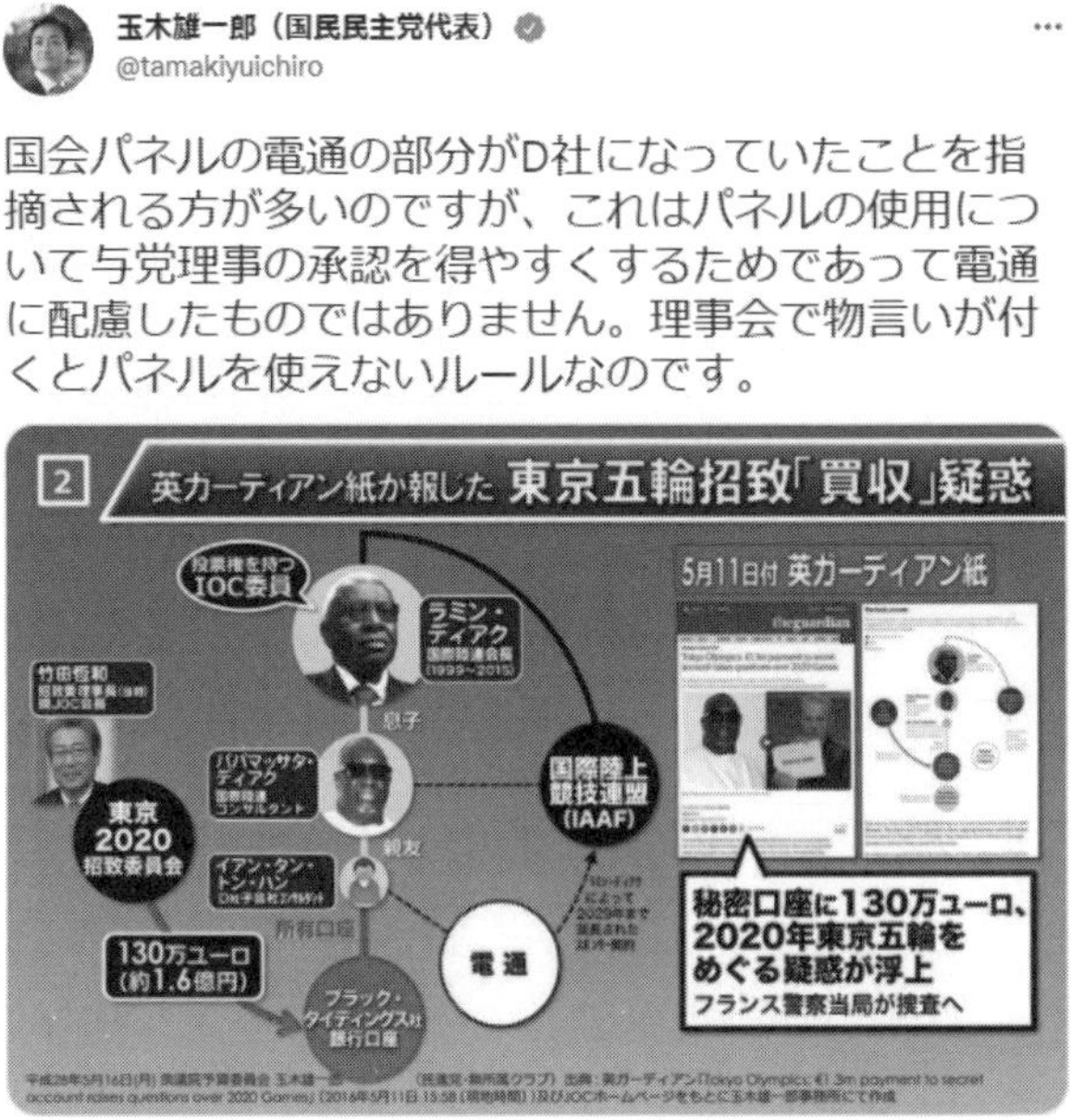

玉木雄一郎議員のツイート。国会で示されたパネルでは、電通の部分が広告会社Dとなっていた

捜索したことをスクープしたが、事件はその後、日本の検察が動かなかったため国内では下火になった。しかし仏検察は捜査を続行、18年12月10日にパリ大審院が予審手続きを取ったため、身柄拘束の可能性が生じた竹田会長は海外でのＩＯＣ会議に出席できなくなり、19年6月の任期満了で退任となった。事実上の辞任であった。

†膨れあがる開催費

東京五輪最大の問題が、膨張を続けた開催予算だったことは誰の目にも明らかだろう。拙著『電通巨大利権』との内容重複もあるが、まとめておこう。組織委は2016年12月の段階で、五輪総運営経費を1兆6000億〜1兆8000億円と発表していた。その時点で都の検証委は3兆円の可能性もあるとしたが、その後様々な削減を行い、17年5月31日に1兆3850億円（組織委・都が6000億円ずつ、国が1500億、350億は他県と分担）とすることで組織委・都・国の間で合意が成立した。このうち、350億円を引いた1兆3500億円としてV2予算が公表された。

だがそれとて、立候補時当初予想8299億円の1・5倍以上の数字であり、おそらく大会が迫れば火事場泥棒的に様々な経費が投入されて大幅膨張するに決まっている、信用などとてもできないシロモノだったし、実際に膨張していった。

では支出を約1・4兆円としたのに対し、収入予想はどうだったのか。

組織委はスポンサー契約料やチケット売り上げで約5000億の売り上げを見込むと発表していたが、17年5月16日に、突如として組織委の負担を当初よりも1000億円プラスの6000億とし、しかもそのうち5500億円は既にスポンサーシップでカバーできる予定と発表した。

それまで５０００億円しか負担できないと言っていた組織が、突如として１０００億の上積みを発表したのだから、普通の企業ならその根拠が大問題になるはずだ。だが、自らが五輪スポンサーになっていた朝日・読売・毎日・日経・産経の全国紙は、どこもその不自然さを追及せず、組織委の発表をそのまま報じた。そもそもこれらのメディアが組織委の「大本営発表」に疑問を唱えることは、最後までなかった。

†計算が合わない運営費の疑問

しかし、これはどうみても不自然であった。組織委のホームページにあった「大会運営に関する収入の割合（２０１３年。現在は変更されている）」によれば、大会運営費全体のうち、ローカルスポンサーシップ収入を27%、チケット売上を23%としていた。これを招致当初の予想金額に換算すると、予想運営費用は３４１２億だからスポンサーシップ（27%）は９２１億円、チケット売上（23%）は７８４億円で運営できると計算していた。だが、16年12月の組織委発表では、運営費明細を以下のように発表していた。

・ＩＯＣ負担金８５０億円（17%）
・ＴＯＰスポンサー３６０億円（７・２%）

・国内スポンサー2500億円（50％）
・ライセンシング140億円（2・8％）
・チケット売上820億円（16・4％）
・その他330億円（6・6％）

計5000億円。この時点で全体予算が約1500億円追加で合計5000億円になっていたのだが、怪しいのがこの内訳の割合だった。

前述の「大会運営に関する収入の割合」ではIOCの負担は23％（1150億）だったはずなのに、17％に減っている。また、TOPスポンサープログラムも10％（500億）が7・2％に減っていた。国内スポンサーだけが倍近い数字になったのに、他の項目はすべて当初割合よりも下がっているのは不自然である。

百歩譲って、IOCとTOPスポンサーからの負担金が13年の当初予定割合のままなら全体金額の増大で割合が下がるとしても、ライセンシングやチケット売上の割合も下がるのは理解できない。スポンサー企業数が史上最高ならライセンシングも当然増加するはずであるし、チケット売上予想も下げる理由はないはずだからだ。

つまりこの時点で、本来なら4％で計算するべきライセンシングを2・8％、23％で計算すべきチケット売上を16・4％、その他9％を6・6％と過少に計算し、収入を少なくとも510億円以上、過少に見立てていたのではないか。だとすれば、5月31日になって組織委の負担金額をいきなり6000億とし、そのうち5500億は既に見込みがついているという発表は、金額的にぴったりだった。

ようするに、16年12月に発表された数字は、予想された支出額の5000億円にスポンサー費3870億円（16年中のスポンサー42社で計算）とすべきところを2500億円と過少申告し、その他の項目を辻褄合わせしただけではないかと考えられたのだ。

では仮に、5月31日に組織委が発表した6000億円を基準に割合数字をあてはめるとどうなったのか。スポンサー金額を43社分（17年7月当時）の予想値とし、その他の割合は16年12月と同じとした。

・IOC負担金1020億円（17％）
・TOPスポンサー432億円（7・2％）
・国内スポンサー3930億円（50％）
・ライセンシング168億円（2・8％）
・チケット売上984億円（16・4％）
・その他396億円（6・6％）

合計で6930億円となり、確かに組織委が新たに打ち出した6000億円を補ってまだおつりが来る。おそらくこの数字が真実に近いと思われる。いくら国内スポンサーシップの割合が上がっても、だからといって他の項目が下がる理由はない。むしろライセンシングやチケット売上は、少なめの割合で計算していた。

つまり、その時点で組織委は、その財布の中にカネを隠していたのではないか。さらにいえば、当時、組織委と電通は「ゴールドパートナー」と「オフィシャルパートナー」の下にもう一つ「オフィシャルサポーター」というカテゴリーを作って新たなスポンサー獲得を目論んでおり、スポンサー契約料はさらに増える見込みだったのだ。

もし、前述の検討を「招致活動時の数字などあげつらっても意味がない」などと言うのなら、逆にあの数字の積算根拠はなんだったのか、ということになる。

以上のように、主に国内スポンサーの協賛金増加で組織委は当初予想を遥かに上回る資金を集めたはずだ。それなのに「カネが足りない」などと言って東京都や国に財政支出を要請していた。それは、彼らが今回集めたカネを全部、東京五輪で使い切る気がなかったからではないか。将来のアスリート養成のためだとか理由をつけて、相当な金額をＪＯＣの内部留保や、ＩＯＣへの余剰金拠出に回す気だったのだろう。

ここで最大の問題は、それだけのカネを集めておきながら、ＪＯＣは財団法人のためその財務内容詳細を明らかにする義務がないと主張していたことだ。どのような支出がなされているのかが不透明な点は都の検証委でも問題となり、小池都知事は組織委を都の監理下に置こうとしたが実現しなかったのには、森組織委会長の抵抗があったとされる。また筆者は17年6月、文書で組織委の総収入額とスポンサーシップ収入額の開示を求めたが、開示義務はないとして拒否された。

†巨額の人件費

しかし、カネがないと言いながら、組織委は虎ノ門ヒルズという超一等地に新しい事務所を持ち、年間7億円以上もの賃貸料を支払っていた。会議をするなら都庁内または都庁近くの方が便利なのに、わざわざ新築で賃料の高い虎ノ門ヒルズに移ったのだ。このあたりに、JOCの金銭感覚の異常さ、「オリンピック貴族」ぶりが如実に表れていた。

ちなみにこの貴族たちは理事28人、役員と評議員合わせて42人もおり、さらに参与が11人、顧問会議はなんと177人という大所帯だった（17年当時）。さらに、

・街づくり・持続可能性委員会
・文化・教育委員会
・経済・テクノロジー委員会
・メディア委員会

	月　額
第１号	100,000円
第２号	200,000円
第３号	300,000円
第４号	400,000円
第５号	500,000円
第６号	600,000円
第７号	700,000円
第８号	800,000円
第９号	900,000円
第10号	1,000,000円
第11号	1,100,000円
第12号	1,200,000円
第13号	1,300,000円
第14号	1,400,000円
第15号	1,500,000円
第16号	1,600,000円
第17号	1,700,000円
第18号	1,800,000円
第19号	1,900,000円
第20号	2,000,000円

公益財団法人東京オリンピック・パラリンピック競技大会組織委員会役員及び評議員の報酬並びに費用に関する規程より、「報酬額」表

・仮設会場整備のアドバイザリー委員会
・テクノロジー諮問委員会
・ブランドアドバイザリーグループ

などの委員会まであり、彼らに支払われる日当や交通費、会議費等の経費も巨額なのにそれを削減しようなどとは思わなかったらしい。

毎年のように予算縮減を口にしながら、組織委が絶対に手を付けなかった項目がひとつだけある。それは、彼ら自身の報酬体系だった。その報酬額の最高月額は２００万円となっているが、それが具体的に組織委の誰を指すのか、会長なのか事務総長なのか、何度質

招致資料での内訳

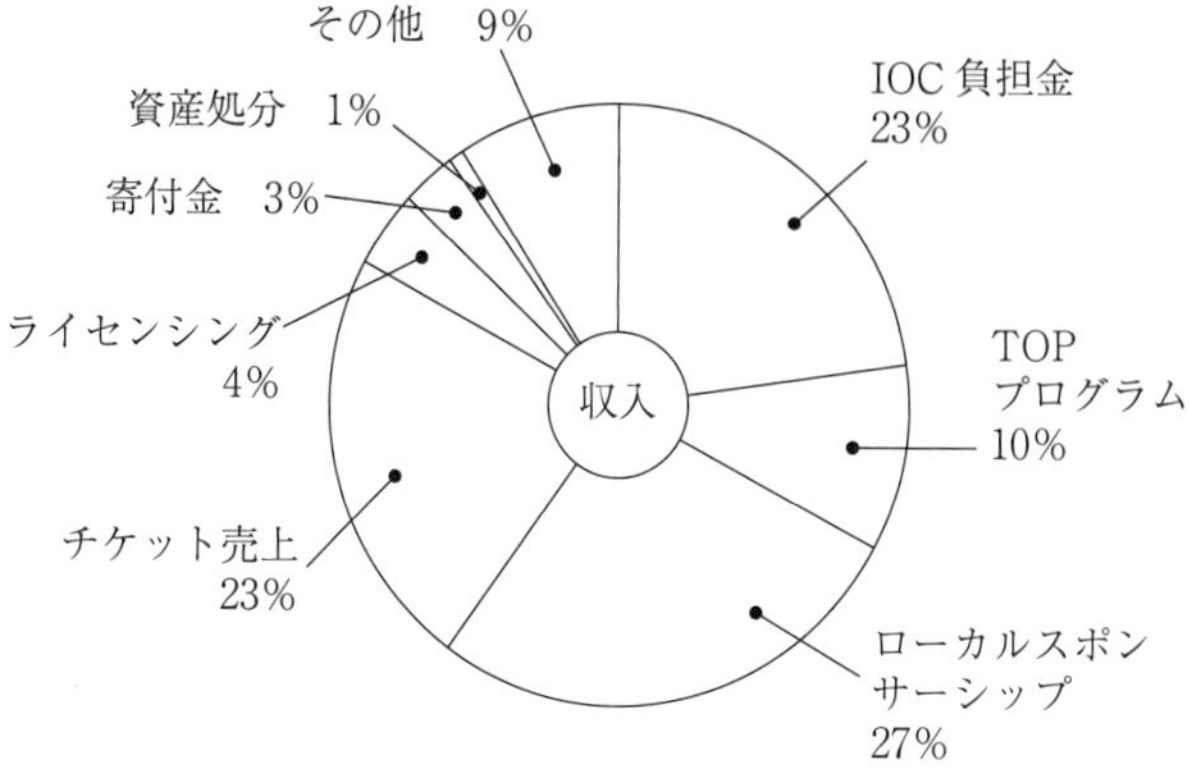

V4予算での内訳

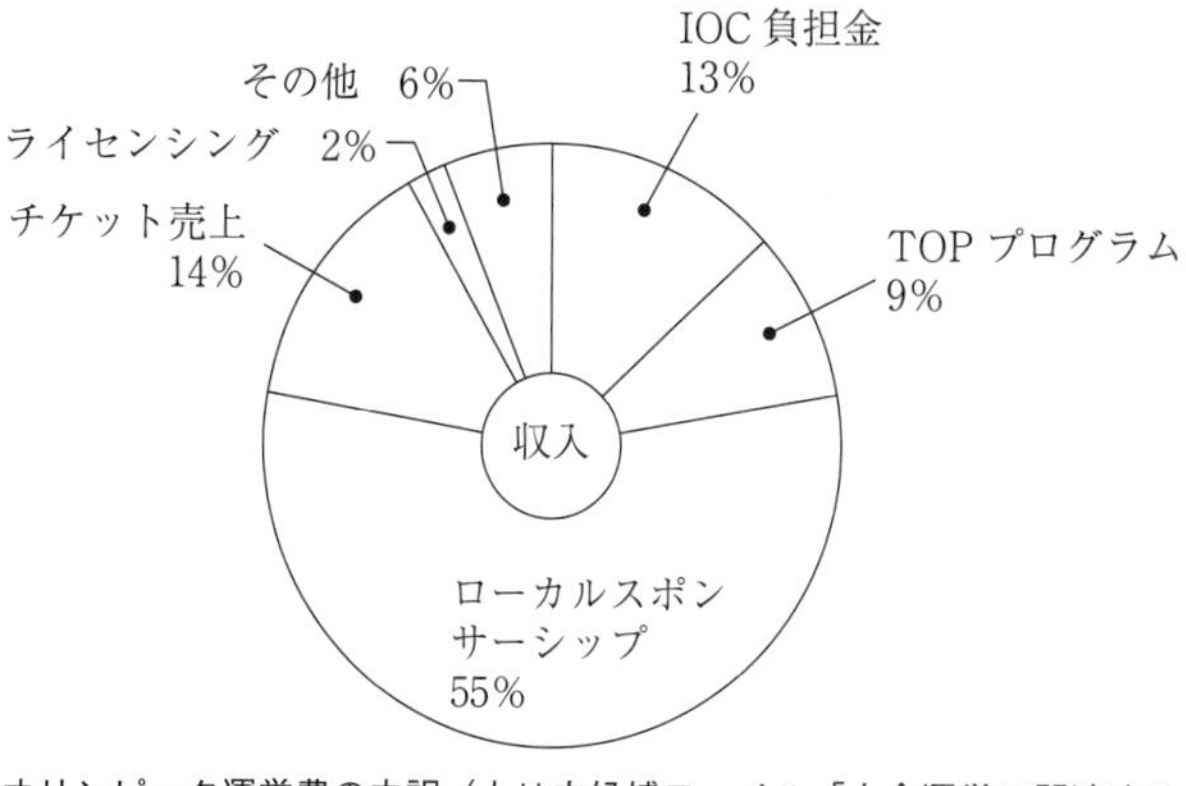

オリンピック運営費の内訳（上は立候補ファイル「大会運営に関連する収入の割合」を編集。https://olympics.com/tokyo-2020/ja/organising-committee/marketing/。下はＶ４予算より、組織委員会の予算）

問されても組織委は回答しなかった。7万人のボランティアを無償で使役し、医療関係者でさえ無償奉仕をさせた団体は、自らの報酬額だけは1円たりとも削らなかったのである。

†東京五輪経費、3兆円への膨張は早くから指摘されていた

18年10月4日、東京五輪とパラリンピックの経費総額が3兆円に達する可能性があることが、NHK及び他メディアで大きく報道された。会計検査院が4日に発表した報告書で、過去5年間に国がオリパラ用に支出した費用を約8011億円と指摘。組織委が既に発表している大会経費1兆3500億円と、東京都が別途に予算化している約8100億円の関連経費と合わせ、さらに今後も支出が膨らむと考えられることから、総経費は3兆円以上に膨らむ可能性が出てきたのだ。

この数字が衝撃的だったのは、まず、今まで巷に流布されていた1兆3500億という数字が嘘であったことが、メディアなどによる調査ではなく、国の機関である会計検査院という厳正なチェックのプロによって完全に暴かれたことだった。

組織委の数字は国と東京都と協議し、直接的な経費だけを積み上げた金額だったのだが、検査院は五輪を口実にした関係省庁の関連施策費をもすべて計上したものであり、経費の全体像を正しく指摘していることは明らかであった。

会計検査院が指摘した五輪関連の主な事業は、以下の通り。
・文科省……競技力の向上456億円／国内アンチドーピング体制整備10億円
・国土交通省……道路輸送インフラ整備1389億円／アスリート、観客の暑さ対策推進374億円
・警視庁など……大会運営に関わるセキュリティ確保69億円
・厚労省……感染症対策の推進44億円
・法務省……出入国審査の円滑化52億円
・経産省など……分散型エネルギー資源の活用によるエネルギー・環境課題の解決1885億円
・農水省……和食、和の文化の発信強化39億円

（朝日新聞、18年10月5日）

これらを見ると、五輪を管轄する文科省のアスリート養成費用などは分かるとしても、経産省の1885億円の支出に妥当性があるのかは、首を傾げざるを得ない。この中には、例えば2020年までに燃料電池車普及を目指すための水素ステーション設置に補助金を出すという、「五輪に間に合わせる」ための予算獲得、または支出の口実に五輪が利用されているようなものも含まれていた。

次に衝撃的なのは、会計検査院が指摘した、オリパラ用の過去5年間の費用約8011億円とは、すでに支出されてしまった金額であり、開催までのあと2年間に、まだどれだけ支出があるのかその段階では分からず、更なる膨張が見込まれていたことだ。

会計検査院は過去の支出記録を精査してその不備を指摘するが、未来の予算案について調べる権限はない。その後の支出見込みに関しては、国会の場で各省庁に予算案を出させるしか、チェック機能がない状態だったのだ。

各メディアでも指摘されたが、組織委にはこうした関連予算も含めたすべての支出額合計を説明する責任があるはずだった。ところが組織委の森喜朗会長は4日、報道陣に対し「これをレガシーとして、日本が新しい分野に素晴らしい事業を展開できるなら、惜しい予算じゃないと僕は思う。そう理解して頂きたい」などと述べていた。国民の税金を湯水のように使っておいて、盗人猛々しいとはまさにこのことではなかったか。

†桜田五輪相の更迭

19年4月10日、前年10月の就任から何度も問題発言を繰り返していた桜田義孝五輪担当相が遂に辞任した。

彼は10日夜、自民党の高橋比奈子衆院議員（比例東北）のパーティーでの挨拶で「(五輪での来日客も増加するので）おもてなしの心をもって復興に協力してもらいたい」と意味不明の言葉を吐いた後、「（東日本大震災からの）復興は大事だが、それ以上に大事なのが高橋さんです」と発言。「復興より（自民党）議員が大事」と本音を言い放ったことで、その直後から官邸に呼び出され、すぐに辞表を提出する羽目になった。

桜田氏は就任直後から五輪予算1500億円を1500円、立憲民主党の蓮舫議員を「れんぽう議員」と何度も呼び、物議を醸した。さらにサイバーセキュリティ担当大臣の経験があったにもかかわらずPCは使わない、東日本大震災で沿岸部の高速道路や鉄道が不通になったのに「健全に動いていたからよかった」など、枚挙にいとまがないほどの問題発言を繰り返してきたが、大所帯の二階派に気を遣う安倍首相はそのたびに庇い続けていた。しかしそれも「議員のほうが東北の復興より大事だ」という本音が飛び出ては、国会で火だるまになる前に首を切らざるを得なかったのだ。

桜田氏の更迭については10日の夜に速報が流れ、日頃は政権寄りの記事が目立つ読売と産経も容赦しなかった。全国紙が珍しく足並みをそろえ、社説で安倍首相を批判したので、そのタイトルを並べてみよう。

・朝日新聞「桜田大臣辞任　守り続けた責任は重い」
・毎日新聞「首相が桜田氏を更迭　半年余も守った罪は重い」

・読売新聞「桜田五輪相更迭　一強の緩みが蔓延している」
・日経新聞「年功序列で閣僚になる時代は終わった」
・産経新聞「桜田氏の辞任　政府の五輪軽視の結果だ」

いずれも、なぜこのような人物を閣僚に選んだのか、その責任は首相にあるとする主張で一致していた。そして産経のタイトルが示す通り、「復興五輪だ」などと言いながら、実質は復興の妨げになっている五輪の担当大臣は限りなく軽い存在で、派閥の大臣待機組を消化するためのポストであることが、国民に完全にバレてしまった。後任には前任者の鈴木俊一氏が再指名されたが、本当に復興五輪が政府の重要政策ならば、1年ごとにコロコロ大臣を変えてはならなかったはずだ。だが、15年から開催までの6年間で、5人の担当大臣が次々に交代した。

開催まであと1年余りしかないのに、JOC会長は賄賂の嫌疑をかけられて辞職、そして五輪担当相は舌禍と能力不足で更迭。トップが次々にいなくなる異常事態の中、ますます責任の所在が曖昧になり、「#Tokyoインパール2020」への狂気への道が加速していった。

†BWIが東京五輪建設現場の危険性を報告

新国立競技場の工事で現場監督を務めていた23歳の男性が2017年3月に失踪。その後、長野県で遺体として見つかり、自殺と断定された。デザイン案が変更となり、着工が予定より1年遅れ、急ピッチで進めるため、現場では過剰労働が強いられていた。自殺した男性の残業時間は1か月190時間以上だったという。

2019年5月14日、国際建設林業労働組合連盟（BWI、本部・ジュネーブ）が、東京五輪に関する建設現場の労働環境に深刻な問題があるとして、組織委員や東京都及び日本スポーツ振興センター（JSC）に改善を求める報告書を送っていたことが分かった。全国建設労働組合総連合が協力し、実際に新国立競技場や選手村などの建設に従事する労働者40人にヒアリングした結果に基づくものだった。

驚いたのはこの報告書のタイトル「The Dark Side of the Toky 2020 Summer Olympics」で、「東京五輪のダークサイド」というかなり刺激的なものだった。

照明が不足して薄暗い中での作業等、危険な現場が複数あったこと、28日連続勤務などの過重労働の実態などを明示し、「開催が近づくにつれて事故が増える傾向があり、今からでも労働者の安全を守るべきだ」と警告していた。全文は16ページで、以下のURLから誰でも読むことができる（https://www.bwint.org/web/content/cms.media/1542/datas/dark%20side%20report%20lo-res.pdf）。

ＢＷＩの報告書が指摘した具体的な問題点をあげると、

・ヒアリングをした労働者の半数は雇用契約がなく、危険で不安定な環境で働いている
・新国立競技場の現場では月26日間、選手村では28日間休みなく働く労働者もいる
・労働者から相談を受けた労働組合がＪＳＣに通報しても、不受理とされた
・選手村の建設現場で、つり上げられた資材がブラブラする下で労働者が作業させられた
・都とＪＳＣの通報受け付けは日本語のみで、外国人労働者の声が届かない
・外国人技能実習生に単純作業のみをやらせ、現場作業員として使っている
・ヘルメットなどの安全器具を労働者が自分で購入させられる例もあった

など呆れるものばかりで、建設現場での劣悪な環境が暴露されていた。報告を受けた都や組織委、ＪＳＣは狼狽の色を隠せず「調査中」「ちゃんと指示している」などと言い訳をしていたが、福島第一原発の復旧工事現場のような、不透明で危険な労働実態であることは間違いなかった。まさしく「ダークサイド」と形容するにふさわしい状況だったのだ。

さらに深刻な問題なのは、これらがまたもや海外機関からの指摘で明らかになったことだ。この問題は朝日・毎日・日経とＴＢＳが報道したが、それ以前に、彼らが独自取材し

てこうした問題を明るみに出すべきだったのに、スポンサーであるために報道を自粛していたのか、それまでほとんど無批判だったからだ。

国内の全国建設労働組合総連合がヒアリングに協力していたのだから、これらの問題点はすでに、日本の報道機関にも通報されていたとみるべきだ。もしそれらを黙殺して記事にしていなかったとしたら、新聞社やテレビ局の翼賛報道の罪は、非常に重い。

第四章

巨大なボランティア搾取

†際立ったボランティア搾取

今大会で筆者がもっとも残念に感じた点は、無償で働いてくれるボランティアに対する、組織委の徹底的なまでの敬意の欠如だった。大会HPには、「オリンピック・パラリンピックの成功は、まさに「大会の顔」となるボランティアの皆さんの活躍にかかっています！」などと書いてあるが、その扱いは、まさに非道の一言に尽きた。

筆者は拙著『ブラックボランティア』で、商業イベントである五輪が、なぜ無償ボランティアを募集するのかと疑問を呈した。商業イベントならば相応の時給を払って雇用すべきではないかと組織委に質したところ、「五輪ボランティアは過去大会を通じて無償である」などと回答してきた。

だが、これは真っ赤な嘘であった。2018年に開催された平昌冬季五輪では、ボランティアは専用の宿舎を与えられ、三食すべて無償で提供された。ボランティア用の宿舎にいれば、五輪とパラリンピックで30日以上、一銭も使わずに済んだという体験者のコメントがあった。つまり、現金は与えられていないが、宿泊費・食費はすべて支給されていたのと同じである。

また、2016年のリオ大会では、シティキャストに対して日給が支払われており、2012年のロンドン大会では、ボランティア全員にロンドン市内の公共交通機関無料パスが配られた。つまり、市内の交通費は実質無料だったのだ。政治家や組織委はこうした事例を知りながら、「ボランティアはずっと無償だった」などと嘘を言い続けてきたのだから、極めて悪質である。このように、過去の五輪では、ボランティアに対してなにがしかの対価が払われていたのだが、東京五輪では一日1000円の交通費が支給されただけであった。

ボランティア募集は2018年の9月から12月にかけて行なわれたが、酷暑に対する懸念もあって、11万人（東京都のシティキャスト3万人、組織委のフィールドキャスト8万人）

の募集に対して、海外を含めて約20万人の応募であった。これは過去のリオやロンドン大会に比べても、少ない数字であった。

すると驚いたことに、組織委は19年10月下旬から人材派遣のパソナを通じ、時給1600円でアルバイトを募集し始めた。組織委はあくまで別の仕事だと言い張ったが、タウンワークに掲載された業種説明は、ボランティア募集のそれと名称が違うだけで、ほとんど同じであった。ボランティアの突然の離脱等でシフトに穴が空くことを警戒し、有給雇用

『タウンワーク』2019年10月

した人材で対処しようとしていることは明らかだった。

アルバイト募集はその後、他の様々な人材派遣会社も参入して21年7月の開会まで続いた。そこで採用されたアルバイトに対しては、ボランティアと一緒の際は身分を明かさないようにとの箝口令が敷かれた。これこそ、無償でも良いから役に立ちたいと応募してきた人たちを愚弄する行為ではなかったか。雇用できる予算があるのなら、なぜボランティア応募時に有給で募集しなかったのか。

ボランティアに対する雑な扱いはさらに続いた。21年5月、ユニフォームとIDカードを配ることになったが、その配布会場は東京と札幌や宮城、福島、茨城、静岡の6都道県に限られていた。配布時に本人確認が必要なため、郵送はしないという建前だった。ボランティア採用者は全国にいるのに、西日本の在住者は、静岡市などに自ら引き取りに行かなければならなかった。そのための交通費や宿泊費はすべて自腹である。なぜ少なくとも大阪や福岡などの大都市で配布しなかったのか、その神経を疑わざるをえない。

さらに、アスリートと接するボランティアにワクチン接種がされたのは7月に入ってからであり、その会場はまたしても東京都庁の一か所だけだった。ボランティア応募者は、ワクチン接種を受けるために、またも交通費を自己負担して東京にまで行かなければならなかったのだ。

そしてとどめは、ボランティアやスタッフ用の弁当13万食を廃棄していた事案である。これも、組織委がボランティアの正確な人数や、一日に必要な弁当の数さえきちんと把握していないことの証であった。選手村の食事は非常に美味しいとアスリートから評判だったが、ボランティア用の弁当は異常にしょっぱく、毎日同じような中身で不味いと不評だった。そのしょっぱさゆえに大量に余ったのではないか、とする投稿がSNSに溢れた。組織委はボランティアに労賃を払わないだけでなく、食材さえもケチったのだ。

このように、すべてにおいて、組織委はボランティアに集った人々をタダの労働力と見なし、何の尊敬も払っていないことを示していた。ここまでボランティアから搾取しまくった大会など、過去にあったのだろうか。

†ボランティアは無償という意味ではない

組織委によると、当初、大会運営に関わるボランティア（フィールドキャスト）は8万人。これとは別に東京都が募集する「都市ボランティア（シティキャスト）」が3万人で、合わせて11万人が採用された。ただこれは東京で働く人数だけで、各競技の予選が行われる神奈川や千葉・静岡、福島や宮城などは、また独自に募集をかけていたから、総数はもっと多くなるはずだった。

どんなイベントも、入場整理や案内、警備、物販など現場を支えるスタッフがいなければ成り立たないし、五輪ほどの大規模イベントともなれば、これだけの人数が必要なのだろう。オペレーションだけで想像を絶するが、組織委はこれだけのボランティアをすべて無償、つまりタダで使うことを前提にしていた。

「全研修に参加できること」「1日8時間、10日以上あるいは連続5日以上活動できること」「最後まで役割をまっとうできること」といった厳しい条件を課しながら、日当はおろか交通費も宿泊費も支給しない。五輪は有料のチケット販売をする商業イベントなのに、これは明らかな労働搾取ではないのか。

ボランティアと言う言葉は「志願」「自主的」という意味で、実は無償という意味はない。にもかかわらず多くの人がボランティア＝無償と思っているのは、無料で使いたい側の刷り込みによるものである。また、過去の五輪と同様だ、という説明は、前述のように事実に反している。

ボランティア学の専門家によれば、ボランティア活動の中核的概念は「自発性」「非営利性」「公共性」である。地震や津波などの際に被災地に赴く災害ボランティアはまさにこれらの定義に沿うし、であればこそ、場合によっては無償で働いてもらうことに異論を挟む人はいないだろう。

『朝日新聞』2018年６月20日

だが、巨大商業イベントと化した現在の五輪は、チケットは有料販売で、巨額の放映権料やスポンサー料が飛び交う、究極の営利活動の場だ。しかも東京大会は、その金満ぶりからいっても過去の大会と比べて群を抜いていた。そのような場に、無償で労働力を提供する必要などあるだろうか。

組織委は２０１４年に全国８００の大学・短大と連携協定を結んだ。ＮＨＫが２０１７年の段階で都内の約１３０大学に取材したところ、大会期間中の授業や試験をずらすことを検討していたのは79大学、ボランティア参加を単位認定する、もしくはそれを検討しているところは59大学もあった。

さらには、東京都や千葉県は「体験ボランティア」という名目で中高生をも組み込んでいた。あくまで「任意」「体験」という説明をしていたが、都は学校単位での応募方式を採ったため、現場では半強制的な割り当てと受け止めている教員も少なくなかった。

「就職に有利になるのでは」「内申書で不利になるのでは」

といった打算や不安、同調圧力からボランティアに参加しようとする学生もたくさんいただろう。非営利性や公共性だけでなく、もはや自発性すら希薄化していたのだから、現代版「学徒動員」と化していたと言えるのではないか。

†酷暑開催への疑念を無視する組織委の真の狙いとは

2018年の7月も下旬になると急激に真夏日が多くなり、テレビでは連日のように熱中症警報が発令されていた。18日には岐阜県多治見市で40度を超え、まさに殺人的な暑さが続いていた。数年前まではこの暑さを「地球温暖化による異常気象」とする報道もあったが、いまや日本の夏の暑さはこれが常識であり、それを前提に行動しなければならなくなったのだ。

このような酷暑の中、18年9月から始まるボランティアの募集を控え、SNS界隈では酷暑下での東京五輪開催は無理ではないか、との指摘が燎原の火のように広がっていた。またそれと連動して、この酷い環境下で無償で人を働かせる気か、とブラックボランティアを批判する声も増えていた。7月10日頃には「#東京五輪標語」なるハッシュタグが作られ、かなりな傑作が発表されていたので、そのいくつかを紹介しよう。

・立てば灼熱 走れば地獄 歩くスタッフ 皆奴隷
・足らぬ 足らぬは 奉仕が足らぬ 欲しがりません 賃金は
・ぜいたくは敵だ！ 欲しがりません 賃金は 進め一億ボランティア 足らぬ足らぬぞ税金足らぬ
・「金がない、やれ労働力がない、報酬がないなどは五輪を放棄する理由にならぬ。労働力が足りなかったらボランティアがあるじゃないか。報酬がなくなれば、無償でいくんじゃ。日本男子には大和魂があるということを忘れちゃいかん」
・東京都民斯く戦えり。都民に対し、後世特別の御高配を賜らんことを。
・「お金が無い」って言うと「ボランティアで」って言う。「交通麻痺だよ」って言うと「通販は控えて」って言う。「猛暑でしょう？」って聞くと「どうしましょう？」って答える。そうして、あとで、失敗しても「大成功だった」って言う。正気でしょうか？ いいえ、本気です。

いずれも酷暑下での五輪を批判する内容ばかりで、五輪開催を喜ぶものは皆無だったので、筆者も一句参戦した。

・熱中症もなんのその 進めタダボラ火の玉だ 組織委と電通に 歯向かう奴は非国民 成功

させやう東京インパール

このような批判が高まっていたのに、大会組織委から、酷暑に対して有効な備えに関する発表は一切なかった。小池知事が、首に濡れタオルを巻けとか、打ち水すればなどと小手先の発言をして大炎上していた程度だった。それはなぜだったのか。

それは、どのような手段をもってしても、東京の酷暑をなくすことはできないからだった。街路樹を増やして日陰を作る、会場周辺に大型扇風機やミスト噴霧器を設置する、マラソンコースのアスファルトを照り返しの少ない種類に変える（その後、マラソンの実施会場は札幌に変更された）等、様々な暑さ緩和策は検討されていても、それは局所療法であって、酷暑を完全に押さえ込むことは不可能であった。そのことを組織委側も十分に分かっているため、何を発表してもどうせ叩かれるだけなので、とにかく酷暑開催批判はスルーし続けるのが適切と判断していたのだ。

もちろん組織委（五輪招致時は招致委）は、既に招致の時に、東京での真夏の開催は危険を伴うことを十分認識していた。ＩＯＣに提出する様々な資料の中には気象条件のデータも当然含まれていたから、酷暑になることは先刻承知済みであった。それでも経済的利益獲得を最優先とし、「東京の7月は温暖な気候」などと大嘘をついて招致運動を展開したのだ。

組織委が無償ボランティアにこだわったのも、確かな理由があったと筆者は考える。賃金を払うアルバイトにしてしまうと雇用責任が発生するため、酷暑でもし死亡などの重大事故が発生したら、組織委がその責任を負わなければならなくなる。だが、これがボランティアなら、自己責任にすることができ、法的責任は発生しない。つまり、組織委が法的責任を負わずに酷暑下で働かせるためには、絶対にボランティアでなければならなかったのだ。さらに言えば、組織委はボランティア保険を組織委負担で提供するとずっと言っていたが、最終的にその保険内容は公表されなかった。保険を掛けるのは当然だったが、その保険を担当したのはスポンサーの日本生命か東京海上日動だろう。ボランティア保険は掛け金が少なくそれ自体は大した儲けにはならないが、11万人分の膨大な保険予備軍のデータを労せずして集められたのだから、両社にはたまらない魅力だったろう。このように、すべては経済原理に組み込まれ、スポンサー企業の利益に活用されていくのが東京五輪の真の姿だったのだ。

†ボランティアの定義とは

東京五輪の無償ボランティアを批判していると「災害ボランティアだって無償なのだか

ら、目くじら立てなくてもいいじゃないか」との反論が必ずあったが、これはまったくの誤りである。これは基本的かつ大事な論点なので、ここで改めて確認をしておきたい。そもそもボランティアには無償という意味はない。ボランティアにはいくつかの原則があるが、概ね自主性、非営利性、公益性の3つが上げられる。

まず、わが国では「ボランティア」イコール「無償」という誤った認識があるが、そもそもボランティアの語源は「志願する・志願兵・自主的な参加」などであって、無償という意味はない。我が国の「青年海外協力隊」などは有償ボランティアの代表的な形である。

それにもかかわらず「ボランティアはタダ」という認識が国民の間に根強いのは、特に阪神・淡路大震災以降、全国の行政機関がボランティアを「無報酬の労働力」として積極的に活用してきたことに起因する。予算不足の行政の手助けだから無償もやむなしという善意に便乗し、本来であれば無償でやらせるべきではないレベルの仕事でさえ、「ボランティアなら何をやらせても無償奉仕」という固定観念を国民に植えつけてきたのだから、行政の責任は極めて重い。

次に「非営利性」とは、ボランティアの対象が営利を目的としていないことである。災害救助を求める側は何らかの災害に巻き込まれているから援助を求めるのであり、そこに営利が発生する余地はない。

そして「公益性」とは、ボランティアの活動が何らかの公益に資することだ。災害救助が公益性を帯びていることは説明の必要もないだろう。

以上から見れば、災害援助に対するボランティアは、当然ながらボランティア三要件を満たしていることがすぐに分かる。だが、東京五輪はどうだっただろうか。

まずはっきりさせなければならないのは、現在の五輪は非営利の対極にある、巨大商業イベントだということだ。これは東京大会だけではなく、１９８４年のロサンゼルス大会以降、五輪は完全に商業化してスポンサー企業からの協賛金と巨額のテレビ放映権で運営されるようになった。

人気競技に出場する選手の多くはプロであり、彼らは五輪以外の国内、国際大会でも稼いで名を挙げている。そうした有名選手を集めて競技させるのは「興行」であり、利益を追求するための商業イベントなのだから、その運営のためには給与を支払うアルバイトを雇うべきであり、雇用関係を結ぶのが当然である。つまりこれは、非営利性とはどうみても対極にあるものだ。

さらに、東京五輪は67社以上のスポンサーから組織委発表でも３４００億円以上と推定される巨額の協賛金を集めていながら、競技を会場で見るためには有料チケットを購入しなければならない。巨大な商業イベントで利益追求が目的であり、興行主（ＪＯＣ、組織委）には巨額の収益が入る。五輪開催によって確実に利益を得る者がいるのに、なぜボランティアに対しては無償を求めるのか。これはどうみてもフェアではない。

肝心の公益性についても疑問符がつく。前回の東京五輪はアマチュア参加のみであり、開催費はすべて税金であった。国立競技場や代々木体育館などの建設に加えて、新幹線や首都高速道路などの社会的インフラが整備され、それらはその後の国民生活に大きな恩恵をもたらした。名実ともに戦後の混乱からの復興を世界にアピールし、その後の高度経済成長の起爆剤となったのだから、開催には公益性があったと言えるだろう。

しかし、今回の東京五輪で新設されたのは新国立競技場を含む7会場で、いずれも都内もしくは近郊に建設された。広く関東圏以外の国民に恩恵を与えるような社会的インフラの新設はない。さらにそれらの施設のほとんどは、五輪後赤字経営に陥ると予想されている。つまりは一部のスポンサーと建設業界、ＪＯＣだけが収益をあげるためのイベントなのだから、ほとんどの国民にはさしたる恩恵もない。したがって、公益性という点でも極めて怪しい。

以上の点から、東京五輪のボランティアのタダ働きは、その根本原則から完全に逸脱しているのは明白である。

†過去大会も無償だった、の嘘

　さらに、組織委や小池知事など、政治家は事あるごとに「ボランティアの待遇は過去の大会と同じ」であると言っているが、これも明らかに虚偽である。

　冒頭でも述べたとおり、直近の2018年2月に開催された平昌冬期五輪では、ボランティアの平昌までの交通費は全額支給され、宿泊場所もすべて用意されていた。さらに、食事も三食無料であった。つまり、五輪開催中にボランティア専用宿泊施設にいれば、生活費はほぼかからなかったのだ。

　これに対し、東京五輪は交通費が一日わずかに1000円。ボランティアのための宿泊施設などなく、会場周辺に泊まる場合はすべて自腹。おまけに食事の配給は一日一食の原則であるから、まさに雲泥の差であった。

　他の大会はどうだったのか。2016年のブラジル・リオ大会の都市ボランティアには日給が支払われていた。2012年のロンドン大会では、ボランティアにはロンドン市内の公共交通機関無料パスが支給されていたから、交通費は実質無料だったし、遠隔地から集まったボランティアのために宿泊キャンプも設営された。さらに、正確に言えば五輪ではないが、18年8月にインドネシアで開催されたアジア大会では、約1万5000人のボランティア全員に高額の日当が支払われた。

海外ばかりではない。国内で言えば、98年の長野五輪では、県外から集まったボランティアに対し宿泊場所が無料で提供され、そこでの食事も無料だった。要するに、過去の大会でも交通費や宿泊費は何らかの形で支給されていたのであり、組織委が主張するような、まったく報酬を出さなかった大会など、ほとんど存在しなかったのだ。これらの事実を敢えて無視し、虚偽の情報を拡散し続けた組織委や、小池都知事や政治家たちの姿勢は、強く糾弾されるべきである。

†なりふり構わぬ動員策

ボランティア原則を無視し、過去大会における事実をひた隠しにして組織委がボランティアの主力として狙いを定めたのが、体力があり、時間も余裕のある大学生であった。彼らがボランティアに参加しやすいよう、文科省が全国の大学に通知を出したのだった。

いわゆる「お上」による、特に監督官庁である文科省からの通知は大学側も無視できないため、かなり強い影響を与えた。コロナ禍で意味はなくなったが、首都大学東京（20年から東京都立大学）や明治大学、国士舘大学などは20年度の7月授業は行わない方針を表明し、ボランティア参加者には単位認定する旨を発表していた。

だが同時に、多くの大学のスポーツ関連学科以外の教職員からは、強い反発が出ていた。筆者が知る大学教授たちは「そもそも今の大学は文科省からの様々な要求を満たすために授業時間の構成が非常にタイトになっている。だから、前期の試験を繰り上げるとか繰り下げるなど、簡単にはできない。スケジュール上非常に難しい」と異口同音に反対していた。また、もともとスポーツボランティア学科などがある大学なら授業の一環としてのボランティア参加もありえるだろうが、それらにまったく縁もゆかりもない学部・学科の教授たちには迷惑でしかなかった。

文科省通知文書にあった「学生にボランティア参加を促す」という表記もまったくおかしなものだった。ボランティアとはあくまで「自主的」参加が大原則なのに、大学を休みにして参加を「促す」ことなど、その原則を破ることにほかならない。もしボランティアの自主性を無視して、大学を休みにするから五輪に参加せよと言うことになると、これはもはや「強制」の臭いを帯びてくる。そうなるとまさしく、ネット上で喧伝されていた「21世紀の学徒動員」になるおそれがあった。

実は1964年の東京大会でも、当時の文部省が国立大学の学長や高校長、高専校長に宛てた文書を出していたが、こちらは「オリンピック東京大会開催の全期間を休業日とするなど大幅な授業変更を加えて学校教育に支障をきたすことがないようにすること」というもので、今回の通知とはまったく真逆の内容だった。半世紀の間、いかに文部行政が劣化したかの証左であろう。

しかも、灼熱の暑さの下で1日8時間も働かされれば、熱中症で倒れる者が続出することは容易に想像できる。そうなれば、学生を送り出した大学当局の責任が厳しく追及される危険性があったのだが、大学当局にその自覚があったのか、極めて疑わしい。

そして、無償奉仕に駆り出される予定だったのは大学生だけではなかった。組織委の「東京2020大会に向けたボランティア戦略」の中には、ボランティアのカテゴリーとして、障碍者（パラリンピック対応）・小中高生を含む学生・働く現役世代（社会人）が明記されていたのだ。具体的には、

1　小中高校生……課外授業、または授業の一貫という名目で沿道、会場での観戦、応援などに参加（熱中症が不安でも、授業という名目なので親は反対しにくい）
2　大学生……7月の前期試験や授業時間を前倒しにし、ボラ参加する学生に便宜を図るよう要請する文書を、文科省が全国の大学、高専に通知
3　社会人……鈴木俊一五輪担当大臣（当時）が経済4団体に対し、ボランティア休暇制度の充実を要請

となっていた。つまり、学生から社会人まで、半強制的な参加を促す体制を作り上げよ

うとしていのだ。社会人の参加は連続5日以上、合計10日以上という参加資格が厳しく、ボランティア休暇でもなければ参加は無理と考える人が多いのが実情であった。大企業でもボランティア休暇制度を導入しているところは1割以下であったため、じっさい鈴木五輪担当相が経団連、日本商工会議所、東京商工会議所、経済同友会に対し、ボランティア休暇制度の導入促進を要請していた。

さらに8月、森組織委会長が安倍首相にサマータイム導入を要請するという暴挙に出た。さすがにこれには経済界、学界から強い反対が噴出して立ち消えとなったが、自分たちの利益のためには、国民生活をいくら犠牲にしても構わないというなりふり構わない姿勢には啞然とするばかりであった。

†動員は学生だけでなく、家庭にも及ぶはずだった

実はこうした露骨な推進策に隠れて、開催年には目に見えない、さらなる動員策が着々と準備されていた。前述したように、組織委は小中高校生ボランティアさえ明言していた。そのイメージとしては、テニスやサッカー部員をそれぞれの競技のボールボーイなどに従事させるというものだが、それだけでなく、会場への入場待ちの列の横で吹奏楽を演奏したり、歌を唄うことなども検討されていた。それらも酷暑下での活動になるのだから、熱

中症の危険が付きまとうが、部活単位や学校単位での参加となると強い同調圧力が発生し、容易に不参加を申し出ることが難しくなるのではと危惧されていた。

さらに、全国で行われた聖火リレーの街頭応援での旗振りや、500か所以上のホストタウン（世界各国の選手団の事前合宿地）での歓迎式典や各種行事にも、何かにつけて子どもたちが駆り出されていただろう。それらの多くは、やはり酷暑下で行われる可能性があった。だがこれらは「特別授業」「課外授業」などの名目で行われるので、熱中症などを心配する児童の親が反対しにくい状況が発生する。つまり「児童生徒の動員」が「家庭の動員」ということなのであり、ここまでくるともはや「国家総動員体制」とも呼ぶべき様相になってくる。

ボランティア問題を、大学生や一部社会人に限定される「対岸の火事」と思っていた人々も、無意識のうちに総動員体制に組み込まれる可能性があったのだ。特に学齢期の子どもを持つ家庭は、ある日いきなり学校から「課外授業通知」が来て、この問題に直面せざるを得なくなる。通知表や内申書を質に取られている多くの親たちは、酷暑下の無償奉仕に我が子を差し出すべきかどうか苦悩することになるが、もし何か事故が起きても、学校は絶対に責任を取らなかっただろう。なぜなら学校は教育委員会、さらには文科省の通達に従っただけと主張するからだ。

†都市ボラ募集で東京都教育委員会が応募を強制？

２０１9年12月21日のボランティア応募締め切りぎりぎりになって、都立高校の学生にボラ応募を強要したのではないかという疑惑が報じられた。都市ボラは非常に不人気で、数日前までは目標の2万人そこそこだったのが、なぜか19日になっていきなり2万８００0人に増え、目標を大幅に超えたのだ。

テレ朝系の「モーニングショー」は、東京都教育委員会が10万枚の応募用紙を都立高校に配布し、生徒たちに応募を強制した疑いを報道した。番組で紹介されたツイートには「とりあえず全員書いて出せ」って言われたんだけど、都立高校の闇でしょう」という書き込みと、東京都の都市ボランティア申し込み用紙の写真が写っていた。生徒たちは「最初は「自由参加だよ」と言われたのに、あとになって、「みんな出してね」と強制的になってきた」「ノルマもあった」と話していたのだ。

ネットからでしか申し込めない形式だった大会ボラに比べ、都市ボラはＦＡＸでも応募できたので、東京都教育委員会が10万枚もの応募用紙を学校に配ったというのは、教育行政ぐるみの「参加者でっち上げ」を行おうとしたことが明らかだった。当初は参加自由なとといいながら、終盤でも応募者が集まらないことに危機感を覚え、「全員書いて出せ」

となったのだ。

これについては、五輪スポンサーである朝日新聞でさえ、「締め切り前日に突然の目標達成」と見出しをつけ、「東京都の招致担当課長だった鈴木知幸氏は「応募数がかなり少なく、しかも50歳以上に偏っていた可能性があります。夏場の炎天下での業務が予想されるので、若い高校生を確保したかったのではないか」と話す」と報じた。東京都がなりふり構わずボランティアを集めようとしたのは、まぎれもない事実だったのだ。

†返答できない組織委と報道しない大手メディア

筆者は17年と18年に、合わせて3回、出版社を通じて組織委に、スポンサー協賛金があるのになぜボランティアは無償なのかを文書で問うた。いずれも「他では決して得られない感動を体験して頂く貴重な機会だから」「過去大会と同じ」などとはぐらかされ、納得できる回答はなかった。

同様にスポンサー企業からの協賛金総額を尋ねても、守秘義務を盾に回答しなかった。自らの財布の中身は見せずに人をただ働きさせようとする姿勢には、信頼性のかけらも感じられなかった。

だが大手メディアはそうした組織委の姿勢や、ボランティア問題の重要性を報道もしなければ批判もしなかった。それもそのはずで、朝日・毎日・読売・日経・産経の全国紙全紙が揃って東京五輪のスポンサーに収まっていたからだ。言うなれば組織委の「身内」になってしまっていたわけで、これでは真に批判的な報道などできるはずもなかった。

さらに、これらの新聞社とクロスオーナーシップで結ばれている民放キー局も同様に、この問題を報道しなかった。報道機関が五輪スポンサーになったなどということは過去大会でもほとんど例がなく、日本の報道機関の翼賛的体質は、極めて異常と言わざるを得ない。

†赤紙ではなく、美辞麗句とイメージで

このように、東京五輪の受益者たちは、幾重にも及ぶ動員策を講じて無償労働の担い手を確保しようとした。とはいえ、肝心のボランティアの担い手を、先の大戦のような一銭五厘の赤紙で召集することは、さすがにやりたくてもできない。昔のプロパガンダは人々を鼓舞し、時には権力や武力、恫喝で人心を掌握したが、現代では揉み手と笑顔、そして利益誘導で騙すのだ。そのため、メディアを総動員しての「ボランティア賛美」「五輪翼賛」キャンペーンを展開し、国民をマインドコントロールしようとしてきた。

五輪スポンサーになっていた朝日新聞は「東京五輪物語」、読売は「金の系譜」といっ

た連載を通して五輪のイメージアップに貢献し、他の大手紙も前回東京大会の華々しい記録や参加した人々の思い出を語る記事を大量に掲載していた。

テレビ局も、NHKが19年に「いだてん――東京オリムピック噺」と題した大河ドラマを放送したし、民放はオリンピアンを中心にしたアスリートが出演するバラエティー番組を続々と放映していた。また、ワイドショーや報道番組では、各地で活躍しているボランティアのインタビューなどを放映し「東京大会もボランティアで成功させよう」という空気を醸成しようとした。当然ながら。このような大手メディアでボランティア搾取問題が俎上に載ることはほとんどなかった。

そうした美辞麗句の極めつけは、組織委のHPだった。

「ボランティアは、TOKYO2020を動かす力だ」

というタイトルが踊り、

「最後までやり遂げたとき、いったいどんな自分に出会えるだろう」

などと途中離脱をやんわりと牽制する文言と、

「みなさんのひとりひとりが東京2020大会の代表であり大切な存在です。みなさんが会場や街をオリンピック・パラリンピックの色に染めながら、おもてなしをする姿は、世界中の人々に爽やかな感動を届けるでしょう」

などと歯の浮くようなコピーで固めていた。だが「大会を動かす力」「大会の代表であり大切な存在」などと持ち上げながら、その彼らの労働に対して報酬は払わない。

森組織委会長は母校の早稲田大学での講演で「ボランティアは無償だからこそ価値がある」などと述べたそうだが、もちろんそんなことはない。老舗旅館や飲食店などで受ける「おもてなし」は無料ではないし、対価を払った以上のおもてなしを受けたと感じた時、人は感動するのだ。同様に、ボランティアの活動も最初から無償を前提にする必要はなく、むしろその頑張りに対してなにがしかの報酬を用意するのは、当然のことではなかっただろうか。

†「タダボラ」の最終目的は何か

では、五輪成功のためならあらゆる年代の人々をボランティアに駆り出し、さらにサマータイム導入まで主張した組織委と電通、そして後押しする国の狙いはどこにあるのか。それは、組織委のボランティア募集ＨＰ（東京オリパラ募集特設サイト）の一番下（ボランティア関連情報）をみると判明する。

そこには、今後のボランティア募集に関わるいくつものリンクがあった。

・東京ボランティアナビ（東京で募集している様々なボラ団体へのリンク）

・ラグビーワールドカップ2019（19年実施予定のRWCボラ募集へのリンク）（大会実施後に削除）

・ワールドマスターズゲームズ2021関西（延期されたスポーツイベントへのリンク）

・東京マラソン財団　VOLUNTAINER（20年以降のボランティア精神引き継ぎを提唱）

知らない間に2021年に関西で「ワールドマスターズゲームズ」などというスポーツイベントが計画されていた（22年に延期）のも驚きだが、つまりは、組織委（JOC）と電通は、五輪以降の様々なイベントをもすべて無償ボランティアでやりたいのだ。

そのために11万人もの人々を集めることによって、それを巧みに「五輪の遺産《レガシー》」などと言い換え、「東京五輪も無償ボランティアでやったのだから、それ以降の大型イベントもすべて無償ボランティアでやろう。それが東京五輪のレガシーを受け継ぐことだ」などと言い換えていきたかったのだろう。このページはそうした幻想を植え付けるためのものであり、その狙いがはっきりと分かる。

さらにこのページには、「2025大阪万博」や、当時立候補を表明していた「2030札幌オリンピック」（本書執筆時は未決定）などが追加されていくに違いない。もちろんそれらの広告宣伝領域もすべて電通の一社独占事業であるから、それらのイベントにボランティア参加するということは、電通という私企業に、自らの時間と労力を貢ぐということに他ならない。

前述したが、彼らが「ボランティア」という呼称にこだわるのは、ボランティアであれば事故や熱中症で死亡しても自己責任で片づけることができ、責任を負う必要がないからだ。自らの責任は限りなくゼロにしながら、東京五輪だけでなく、その先のあらゆるイベントまでタダボラを集めて儲けまくりたいというのが、彼らの真の狙いなのだ。そして、より一層の無償労働力が欲しい政府も、これを全力で後押しする。

国、JOC、そして電通という体制側の利害が一致し、そこにメディアをも取り込んで国民を扇動しようとする。これこそが五輪を最大限に活用する、究極の大衆動員実験の姿であったといえるだろう。

†なぜ「無償」なのかを説明できない組織委（組織委への公開質問と回答）

先述のように、筆者は組織委に合わせて3回、なぜボランティアが無償なのかを文書で問うた。そのやり取りは拙著『ブラックボランティア』に掲載したが、結論から言うと、要領を得ない回答が大半を占めた。なぜ無償なのかについては、2回にわたって聞いたが、その説明はまったくなかった。

2度目の質問状の後に判明した、パソナとヤマト運輸の大々的な人材募集広告について「なぜ無償ボランティアと同じ業務の高額アルバイトを雇うのか」という3度目の公開質問には、組織委から、募集人数が2000人だという回答を得た。その後ボランティアの辞退が相次ぎ、アルバイト募集は五輪開催中も行われていたため、総数はさらに膨らんだと思われる。

この募集に関するパソナへの発注額は明かされなかったが、通常の同社のマージンが約30%程度だと考えると、一人当たりの組織委からパソナへの支払額は時給にして約2200円、日給にして約1万8000円程度ということになるだろう。派遣業務の中ではかなりの高給であるし、同じ現場で働く無償ボランティアからすれば、誰しも不公平感を抱くのではないか。

ちなみにこの質問は、「8万人の大会ボランティアを無償で集めながら、なぜほぼ同じ業務内容の有償アルバイトを募集するのか」だったが、「元々職員は準備フェーズと大会時フェーズで「長期」と「短期」に分けて確保する計画です（以下略）」という回答だった。筆者はボランティアについて質問しているのであり、職員の採用計画など尋ねていないのだ。

組織委は「長期と短期職員を募集しているだけだ」と強弁するが、長期と短期採用の人数割合は明かさなかった。『タウンワーク』で募集されていた職種は、名称は異なるが大会ボランティアとほぼ同じであり、もし短期フェーズの職員がボランティアと同じ仕事を同様の期間でするのであれば、やはり非常に不公平感が生じるのではないか。

同じことは角度を変えて聞いた質問に対しても言える。アルバイトとボランティアの待遇の違いに不満を持つであろうボランティアにどう説明するのか、もう説明したのかと質したのだが、それにはまったく答えなかった。筆者の知る限り、組織委は最後までボランティアに対し、アルバイトの存在を説明していない。

組織委は、ボランティアには資格要件がないと嘘をついた。外国人要人や選手アテンドには語学力が必須であり、さらに医療スタッフに関しては医学的知識が求められるのは当然である。募集時に資格要件を書いていなくても、職種によって資格（または能力）が必要なのは自明である。それを、まるでボランティアには専門知識を求めていないと言うのは、高度な専門知識を有しながら無償を承知で応募した人を愚弄しているのではないか。

組織委は「両者は役割や職務（活動）に対する責任の有無など、スタッフとしての性質が大きく異なり、代替の関係にはないと考えております」などと回答したが、パソナの広告には「社会人経験があればＯＫ！」「アルバイトの場合はリーダー経験ある方」などと書かれていて、組織委が言うほど、集めていた人員の質が高いとは思えなかった。語学や専門知識、資格の有無さえ応募条件になっていないのだから、高給に惹かれて集まった人材と、無償精神で集まった人々が同じ職場で仕事をした時、果たして組織委が唱える「ワンチーム」になれたのか、はなはだ疑問である。

このアルバイト募集は、五輪スポンサーになっているパソナに、わざと仕事を作ってやったように、筆者には見える。8万人以上の大所帯を運営するために中核となるリーダーが必要なのは理解できる。しかし、たとえ有償でもそういう人材が必要なら、なぜ20万人が応募したボランティア募集時に、その中から有償で選抜しなかったのか。

最初から有償で長期間採用の職種があることを明示していれば、そういう人材も集まったはずである。そうすれば、わざわざパソナを嚙ませて中間マージンを稼がせる必要はなかったはずだ。

「ボランティアはTOKYO2020を動かす力だ」などと言って善意の人々を無償で集めながら、パソナにマージンを稼がせるために有償アルバイトを集めた組織委の「スポンサーファースト」の姿勢は、もっと厳しく糾弾されるべきである。

公開質問状の後もアルバイト募集は継続された。特に21年1月の森組織委会長の女性侮蔑発言で1万人近いボランティアの辞退が発生した後は、パソナ以外の様々な人材派遣会社が参入し、大会開催中まで募集が継続された。それらは「夏に開催される世界的スポーツイベント」などと表記していたが、それは大会スポンサーではないため、五輪マークや表記を使うことができないためだった。いずれもボランティアと同じ職務内容であるが、時給はそれぞれ微妙に違っていた。ボランティア頼みでの開催が不可能になり、なりふり構わず人員を集めなければならなかったことは明白であった。なお組織委は2021年9月現在、最終的なアルバイトの人数を発表していない。

第五章

解決できていなかった猛暑対策

†無責任の象徴「東京五輪組織委員会」

　ここまで組織委の無責任ぶりを嫌というほど紹介してきたが、そもそもこの組織はどのような構成だったのか、簡潔に紹介しよう。

　五輪組織委とは、ＪＯＣ（日本オリンピック委員会）の傘下にあり、名誉会長にキヤノン会長の御手洗冨士夫氏を、会長に森喜朗氏（元首相、2021年2月に辞任）をトップに据え、東京五輪の運営全般を担当する組織である。理事には、橋本聖子参議院議員（後に会長就任）や作詞家の秋元康氏、麻生泰氏（麻生セメント会長で自民党の麻生財務大臣の弟）などの有名人が名を連ねている。

その実務の現場は、関係省庁、地方自治体、東京都の職員や電通の社員、五輪スポンサー企業からの出向者で構成されていて、開催時には最大約7000人の大所帯となっていた。もっとも多かったのは東京都からの出向者約1000人で、次いで電通からの出向者が約150人となっていた。中心となったのはスポーツイベントの経験が豊富な電通社員たちだが、省庁からの出向者がその肩書きに応じた要職に就いていたので、横の連携や責任感が希薄となり、それが後々、様々な問題の温床となった。

†前回開催時に否定されていた真夏の開催

若い世代には、五輪は真夏に開催されるものと思っている人も多いが、前回1964年の東京大会は、10月に開催された。なぜ真夏ではなく秋だったのか。それには明確な理由があった。

当時の公式報告書を見ると、「会期の決定」の項で以下のように書かれている。

「盛夏の時期は、比較的長期にわたって晴天が期待できるが、気温、湿度ともに極めて高く、選手にとって最も条件が悪いうえに、多数の観衆を入れる室内競技場のことを考えると、最も不適当という結論に達した」(『第18回オリンピック競技大会公式報告書』より)

既に半世紀も前に、真夏の開催を「選手にとって最も条件が悪い」と強い言葉で否定しているのだ。また、クーラーが今ほどなかった時代に、観客の健康もきちんと考慮に入れている。これは筆者にとっても驚きであった。

それに対し今回の五輪は、アスリートや観客の健康面などを完全に無視し、「7月の東京は温暖な気候」などという明らかな嘘をついて招致したのだから悪辣である。

メディアに登場する著名人ではほぼただ一人、五輪反対を強硬に主張し続けていたアナウンサーの久米宏氏が、自身のラジオ番組で「酷暑の東京での五輪開催は無謀」という内容の放送をしたところ、組織委から、

「招致の段階で開催時期は7月15日～8月31日から選択するものと定められていた。これ以外の日程を提案した都市はIOC理事会で候補都市としてすら認められていなかった」

という反論が届いたというが、これこそアスリートや観客の安全を無視した無責任の極み、マネーファーストの極地ともいうべきではなかったか。IOCが定めた開催時期が不条理であれば、無理して招致する必要など、なかったはずである。

結果的に、酷暑を無視した無理な開催が札幌へのマラソンと競歩の移転を生み、本大会でも選手や関係者からの抗議を受けて、複数競技の開催時間が変更となった。世界的に有名なテニスプレーヤーのダニール・メドベージェフ選手は試合中に抗議を込めて、

「もし死んだらＩＴＦ（国際テニス連盟）は責任を取ってくれるのか？　試合は最後までできるが、死ぬかもしれない」

と述べていた。また、女子のパウラ・バドサ選手（スペイン）は、暑さのために準々決勝を途中棄権し、車椅子でコートを去るはめになった。こうした事態を受けてテニスの開催時間は変更され、女子サッカーの決勝も、昼の開催から夕方に変更されたのだった。もしそこに観客がいたら、無数の熱中症患者が発生していたに違いない。

†ＩＯＣが無理と認めた「酷暑五輪」

東京大会まで３００日を切った19年10月のタイミングで、誰も想像しえなかった黒船が突如オリパラ組織委、ＪＯＣ、東京都を直撃した。ＩＯＣのバッハ会長が、酷暑を避けるためマラソンと競歩の2種目を札幌開催とする、と宣言したのだ。

東京都の小池知事は猛反発したものの、決定権はＩＯＣにあるため、最終的に「合意なき決定だ」と了承せざるを得なかった。

当初、札幌実施は「提案」と報じられていたが、すぐにバッハ会長の「これは提案ではなく決定だ」との発言が報じられ、また、事前にＪＯＣの森喜朗会長、政府の橋本聖子五輪相には相談があったことも報じられた。

当然、蚊帳の外に置かれた形の東京都の小池知事はまったく納得しなかった。開催都市に事前相談がなかったのが相当気に障ったらしく、「どうしてこうなるのか説明してほしい。涼しい所でやるというのなら、北方領土でやればいいのでは」などと悔しさをにじませた発言をしていた。莫大な税金と人手を投入しているのに、頭越しで重大決定をされては堪らない、という気持ちは分からなくもない。

というのも、都はマラソン実施区間の大半を遮熱性アスファルトに張り替え、日陰を作るためにコース沿道の並木を剪定・伐採などしてすでに約300億円を投じており、もしマラソンと競歩が札幌に移れば、そのすべてが無駄になるからだった。

はいそうですか、と簡単に引き下がれない都は、マラソンの開始時間を午前6時開始から未明（3時頃）に前倒しする案や、競歩についても日陰の多いコースに変更することをIOCに逆提案すると報じられた。

しかし本来であれば、競技の実施時間やコースの変更は、まず組織委が検討して提案すべき筋の話であり、都が勝手に決められるものではない。特にマラソンの開催時間は何度も検討され、当初の7時から6時開始に繰り上げられた。だが実は、競歩に関しては、アスリートからコース変更願が出ていたのに都は無視していた。それなのに、今回札幌に取られそうになったから3時にしよう、コースを変えようなどと言っても、今さら説得力に乏しかった。

要するに、IOCが札幌開催を勝手に宣言し、JOCと組織委が恭順の姿勢を見せた段階で、東京五輪の指揮系統は、もはやガタガタになってしまったのである。当初から「誰が司令塔なのか分からない」と批判されてきた五輪の実行組織が、さらに混迷の度合いを深めたのだった。札幌は開催に伴う諸費用の負担を否定、東京都も新たな費用負担を断固拒否したため一応IOC負担となったが、道路整備費などの項目は札幌市と、構内の一部がマラソンコースとなった北海道大学が負担することになった。

†事実を基に決断したIOC、意識変革できない日本側

メディアではIOCの横暴ぶりばかりが大きく伝えられたが、今回の問題を整理すると、根本的な原因は、日本側の酷暑に対する認識の甘さ、対処の甘さに尽きるだろう。

IOCも10月初旬までは日本側の説明に納得していた。だが、東京開催とほぼ同じ条件で実施されたドーハでの世界陸上競技選手権大会で、深夜開催にもかかわらず、マラソン参加選手の4割が途中棄権したことに衝撃を受け、急遽方針を変えたのである。

IOCもそのHPで「Beat The Heat」（暑さに打ち勝て）などと言っていたのだからいい加減なものだが、ドーハを教訓に、遅まきながら東京の酷暑の危険性を認識し対処した

のは、合理的判断と言うべきだろう。選手たちがバタバタ倒れていく現実を見て、直ちに考え方を変えたのだ。一度決まったら大失敗すると分かっていても突っ込んでいく日本型組織よりも、遥かに論理的でリアル思考のできる組織であると言えた。

そして、今回のIOCの決定には見た目以上に非常に大きな意味がある。筆者は数年前から、酷暑下での五輪開催は危険であり、このまま実施すればアスリートだけでなく、ボランティアや観客にも多大な犠牲者が出ると予想し、強行しようとする組織委の無責任体質を批判、追及してきた。

だが当の組織委をはじめ、スポンサーとなっている大手メディアは、そうした警告をひたすら無視してきた。ロジカルに考えれば酷暑開催が危険である事は自明だが、そこは「万全の準備」「選手の努力」「精神力」という空疎な根性論ばかりを流布し、ひたすら乗り切ろうとしてきたのである。

だから今回、IOCが日本側との相談抜きでマラソンと競歩の移転を一方的に決めたのは、根性論が支配する日本側と話し合いをしても無駄だと判断したからであり、酷暑下での東京で、屋外競技の開催は危険だと世界に宣言したのも同じだったのだ。この意義はとてつもなく大きいので、箇条書きにしてみよう。

「マラソン移転騒動の意義」
・酷暑下の東京五輪の屋外競技は命の危険があると、IOCが全世界に宣言した
・総本山のIOCが認めたため、東京の酷暑の危険性は世界共通認識となった
・今までメディアが隠蔽してきた酷暑の危険性が明るみに出て、多くの国民が改めてその危険性を認識した→ボランティアや観客の熱中症の危険性も周知された
・IOCの強権ぶりと、日本側組織委、都の無能ぶりが明らかになり、東京五輪に対する国民のイメージが確実に低下した

そして、東京都とIOCとの合意では、移転はマラソンと競歩だけとされたが、もはや何の説得力もなかった。以前から馬術、トライアスロン、ゴルフ、サッカーなどの関係者からも酷暑の東京での開催を危ぶむ意見が寄せられており、マラソンと競歩がアスリートファーストを理由に移転するのなら、他の競技を東京で実施する整合性が取れないのは、誰がみても明らかだからだ。

「この時期の東京は温暖」と嘘をついて招致し、その嘘を隠すために無理に無理を重ねて来たが、肝心のIOCから喝破され、全世界にその嘘がバレたのだった。

†酷暑と五輪を結びつけなかったメディアの罪

このIOCによる突然の問題提起がある前は、どのメディアも熱中症に関する報道はしていても、それを東京五輪の競技と結びつけようとしていなかった。

金メダルを何個取れるかの予想や、競技や選手たちの紹介、観戦チケット販売の報道はしていたものの、酷暑が選手や観客に被害を与えるのではないか、という当然の懸念に関する報道は、ほとんどされていなかったのだ。

テレビなどで繰り返し熱中症警報を出して「不要な外出は控えてください」などと報じているのに、まさに同じ時期に開催される東京五輪に関しては「開催が楽しみですね」「どの競技を見に行きましょうか」などと、まるでまったく別の国、または別の季節のような報道をしていたのだから、今さらながらその無責任体質には驚愕せざるを得ない。

もちろん、それはわざとである。どのメディアも内心はこの暑さの中での五輪開催など狂気の沙汰だと分かっているが、それを批判したら翼賛広告がもらえなくなるのと全国紙全紙が五輪スポンサーになっているため、その危険性を指摘することを控えていたのだ。

さらに、新聞社とクロスオーナーシップで結ばれたテレビキー局も同様に、五輪に水を差すような報道を控えてきた。暑さの問題は報じても、五輪中止などと絶対に言えない立場だから、酷暑問題などでまともな報道などできなかったのだ。

ところが、今回の移転問題が勃発し、総本山のＩＯＣが「東京でマラソンと競歩は危険だからできない」と宣言してしまった。もうそのあとは、全メディアが堰を切ったように酷暑問題を報じ始めたのだから、本当にいい加減なものである。

だが、これは恐ろしいことだ。大手メディアがきちんと五輪期間中の酷暑の懸念を伝えてこなかったせいで、「マラソンを東京に戻せ」と主張し、札幌市に嫌がらせ電話をした人々が多数存在したのだ。これは、３・11以前に展開された原発プロパガンダにおいて、原発は安全だと多くの人々が信じ込まされていたのと、まったく同じではないか。大手メディアはまた、あの時と同じ過ちを繰り返したのだ。

だが、移転したのはマラソンと競歩だけで、他の屋外競技におけるアスリートや観客の熱中症の危険性は残ったままだった。暑さに対する根本的対策などあるはずもなく、対症療法をするにしても集まる人の数が膨大すぎて、すべての人の安全を守ることなど到底不可能だった。首都高速道路や一般道路の渋滞、駅の混雑に対する有効な緩和策も机上の空論ばかりで、できていなかった。このまま本番に突入すれば、一体どのような事態が発生するか、組織委内でも危惧されていたのだ。

結果的には、コロナ禍による無観客開催になったことで、観客の危険は回避され、人々の集中による交通混雑も起きなかった。東京五輪で唯一、評価できた点であった。

†テスト大会でも次々に露呈する酷暑対策の不備

酷暑対策の酷さについて、筆者がウェブメディアWEZZYのインタビューに答えた記事「2020年東京五輪は〝人命〟を軽く扱っていないか。組織委員会とメディアが犯した罪」が19年8月12日に公開されると、おかげさまで大きな反響をいただいた。酷暑対策不備の問題点が整理された記事にツイッターなどでのコメントはほぼすべてが筆者の意見に同意するものであり、非常に多くの人々が酷暑下の東京五輪開催に疑問や不安を持っていることが確認できた。同メディアで筆者は引き続き、酷暑対策の不備を指摘する記事を執筆、組織委へ公開質問状を送付した。

20年夏、組織委は延期された翌年に備えて数々のテスト大会を開いたが、酷暑対策はほとんど「惨敗」という結果に終わった。19年から練られていた様々な施策が、実際の酷暑には役に立たないことが判明したのである。20年8月7日付の東京新聞によれば、ミストシャワーや送風機、冷却材などを用意したものの体感温度は下がらず、観客から不安の声が出たと報じられている。

さらに、馬術競技のテスト大会では、人間はもとより馬が、暑さで潰れてしまう危惧が表面化し、開催時間を6時台に引き上げることが要望された。馬の輸送コンテナに冷房をつけ、ハード面での備えは充実させたが、肝心の競技時間中の酷暑だけはどうにもできなかった。

また、マラソンと共に最も苛酷であると危惧されている競歩の選手から、日陰がまったくないことを理由にコース変更の要請が出たが、組織委はそんな当たり前のことも検討していなかったのである。

さらに、東京湾でのトライアスロン競技でも酷暑への対策ができず、陸上での10キロ予定を5キロに短縮したが、それでも外国人選手が熱中症で病院に運ばれた。また別の日には、天候による大腸菌の増減をコントロールできず、水泳部門そのものを中止する羽目に陥っている。台風や大雨によって大腸菌の数が増加するから仕方ない、競技内容の変更は想定内だなどと組織委は言うが、そもそものような運を天に任すような場所（東京湾）で競技をやろうとする方がおかしい。競技内容の変更についても、距離を短縮すれば他の大会との比較はできなくなり、メダルや記録の価値は下がるに決まっている。

米国のコラムニスト、ダン・ウェッツェル氏は21年7月26日、お台場海浜公園で行われた男子トライアスロン決勝の状況を「まるで戦場のようだった」と表現した。

それでも百歩譲って、アスリートの健康は自己管理であるとしてもいいだろう。五輪に出場するような選手ならば酷暑を織り込み済みであり、それに備えた練習をしてくるからだ。しかし、ボランティアと観客はそうではない。普段から炎天下で仕事をしている人を除けば、酷暑に対する耐性がないと考えるのが普通である。そのような人々が数万人、数十万人規模で集まってきた場合、組織委はその人たちの安全に責任を持てるのか。誰が最終責任者だったのか。

†観客の安全について「自己責任」との発言も

組織委の責任感の薄さは、その発言に明確に表れていた。

19年7月30日の日本財団ボランティアサポートセンターの検討会の記録には「ボランティアの暑さ対策は基本的には自己管理」との驚くべき発言が記録されている。暑ければいつでも仕事を放棄して良いというのなら話は別だが、シフトが決まっていたら、勝手に持ち場を離れるわけにはいかないだろう。それなのに自己管理が基本というのは、最初から管理責任を放棄しているに等しい。

また、熱中症に備えてボランティアに保険を用意しているというが、重篤な後遺症や死亡事故まで十分なカバーができるのか。もし保険で十分な補償ができない場合、不足分は組織委が責任を負うのか。開催まで1年を切っても、こうした当然の疑問に対する答えは示されなかった。

　また、7月30日に行われた組織委の理事会においても、来場する観客の酷暑対策に対して「最後は観客の自己責任になるのではないか」という発言が出たが、これも無責任極まりないものだった。どのようなイベントでも、主催者には客の安全に対する責任があるに決まっている。しかも観客は高額のチケットを購入して世界中からやって来るのであり、組織委には彼らの安全を守る責任があるのは明白である。

　19年夏に行われた酷暑に対する備えのテストの多くは失敗していた。だからと言って、ミストシャワーやテントによる日陰などを、会場に隙間なく設置することは予算の上でも非現実的である。つまり、酷暑に対する万全の備えなど、結局はできなかったのだ。いくら科学的知見を積み上げても、不可能なものは不可能であった。

†酷暑対策についての公開質問

　だとすれば、マトモな神経であれば、そのような条件下での大会は中止か時期をずらすしかない。しかしそれをしないのであれば、誰がこの無謀な「21世紀のインパール作戦」の指揮官かをはっきりさせ、万一の時はきっちりと責任を取らせなければならない。そう考えた筆者は19年8月、東京オリパラ組織委に対し、ボランティアと観客が熱中症にかかった場合の責任の所在について質問を送り、9月4日にその返答が届いた。

〈組織委に対する質問〉

（1）オリパラ期間中にボランティアや観客が熱中症になった場合、その責任の所在はどこにあると考えているか

（2）オリパラ期間中のボランティアと観客を酷暑から守る部署、最終責任者は誰か。部署名と責任者の肩書き、名前を明示してください

（3）オリパラ期間中、ボランティアや観客に熱中症による後遺症または死亡者が出た場合、組織委はその人たちに対する補償責任を負うのか

（4）ボランティアを加入させるとしている保険の補償内容を明示してください

〈回答〉

・東京2020組織委員会（以下、組織委員会）が募集・運営する大会ボランティアにつきましては、ケースバイケースの判断とはなりますが、基本的には組織委員会が責任を負うものと考えております。大会ボランティアのみなさまに対しては、熱中症を防ぐために、研修で暑さ対策に関する周知徹底を行うとともに、活動時には暑さ対策グッズとして、水や体調管理ブック等を配布する予定です。また、休憩時間を十分に取れるようなシフトの考え方を検討しております。ただ、大会ボランティアは、あくまで任意参加ですので、無

理をせずにご参加いただければと考えております。なお、大会ボランティアについては、保険（組織委員会負担）に加入いたします。

・観客のみなさまにつきましては、組織委員会の責めに帰すべきと判断される場合に組織委員会の責任となると考えております。組織委員会では観客のみなさまに対し暑さ対策に関する情報提供やファーストレスポンダーによる会場内の巡回のほか、仮に熱中症にかかってしまった場合に使用できる会場内医務室の設置や救急車での搬送体制など、安心して観戦できる環境整備に努めてまいります。観客のみなさまにつきましても、無理をせずにご観戦いただければと考えております。

〈質問〉

（4）ボランティアを加入させるとしている保険の補償内容を明示してください。

〈回答〉

・検討中です。

以上の回答は「公益財団法人東京オリンピック・パラリンピック競技大会組織委員会戦略広報課」名義で送られてきた。

†組織委の回答に垣間見える責任逃れ体質

いつものことであるが、組織委広報は質問に対する回答の仕方が分かっていない。こちらが箇条書きで質問している場合、その項目ごとに回答するのが礼儀というものだが、そういう最低限の書式的知識が欠落しているらしい。すでに書いたように、筆者はこれ以前に3回ほど組織委に質問しているが、彼らの返答はいつも上記のように雑然としている。こちらの質問に的確に答えず、聞いてもいないことを長々と書き連ねるのが、この組織の特徴だ。

では中身を見てみよう。ボランティアの熱中症の危険性に関しては「基本的には組織委が責任を負うものと考えている」と渋々認めてはいるものの、「ケースバイケースの判断」「ボランティアはあくまで任意参加」という文言を入れ、無条件に責任を負うものではないことを匂わせている。

だが、その任意参加するボランティアに対し、組織委は「1日8時間、連続5日、合計10日以上の勤務」という厳格な条件を出して採用している。そうした条件のもとで働いてくれる人々の健康を守るのは組織委に全責任があるのは当然であり、「ケースバイケースの判断」などと逃げ道を作ることは許されない。

また、「大会ボランティアについては、保険（組織委員会負担）に加入いたします」などとまるで保険を用意しているから問題ないと言わんばかりだが、その保険内容についてはいまだに検討中であるという。保険があるから心配するなと言って11万人以上の人々を集めながら、どんな保険なのか内容を明かせないというのは、後出しジャンケンにも似た狡猾さを感じさせるではないか。

観客に対してはさらに態度が曖昧である。「組織委員会の責めに帰すべきと判断される場合に組織委員会の責任となると考えております」などとまわりくどい条件をつけるのなら、どのような場合が組織委の責めに帰すべきと判断されるのか、きちんと明示すべきだ。また、「仮に熱中症にかかってしまった場合に使用できる会場内医務室の設置や救急車での搬送体制など、安心して観戦できる環境整備に努めてまいります」などと書いているが、そんなことはイベントの主催者が準備すべき最低の安全対策であり、だから安全だと納得できるシロモノではない。

観客は全員が高額なチケットを購入して全世界から集まってくるのであり、有料であるからには安全を保証されていると認識して会場にくるのだ。そうした人々に対する責任を「責めに帰すべきと判断される場合は組織委の責任」と言うのは、ボランティアに対する「ケースバイケース」と同じく、完全な逃げの姿勢ではないか。

そして最も悪質なのは、質問（2）「オリパラ期間中のボランティアと観客を酷暑から守る部署、最終責任者は誰か。部署名と責任者の肩書き、名前を明示してください」を完全に無視していることだ。

前述の通り、責任を取るつもりがあるというのなら、なぜその責任部署と責任者の名前を回答しないのか。これでは、いざ多数の熱中症患者が発生した時に、責任追及が曖昧になってしまう。

何度も言うが、11万人以上のボランティアと、数十万人の観客が熱中症にかからないようにするのが組織委最大の責務だ。その責務を背負う最高責任者が誰なのか、日本国内のみならず世界に発表する義務があるはずである。様々な疑問を明確化させるために、組織委に対して再度、以下の質問を行った。

〈質問〉 ※各質問に対し、まとめてではなく個別に回答してください。
(1) 前回の回答でボランティアの熱中症責任は「ケースバイケースの判断とはなります」とありますが、具体的にどのようなケースが組織委の責任となり、逆にどのようなケースが組織委の責任とならないと考えているのか、明示ください。また、その判定はどこの誰が行うと考えているのか教えてください。
(2) 前回も尋ねましたが、オリパラ期間中のボランティアと観客を酷暑から守る部署、最終責任者は誰か。部署名と責任者の肩書き、名前を明示してください。

（3）前回の回答で観客が熱中症にかかった場合「組織委員会の責めに帰すべきと判断される場合に組織委員会の責任となると考えております」とありますが、「組織委員会の責めに帰すべきと判断される場合」とはどのようなケースを想定しているのか、明示してください。また逆に、組織委の責任ではないと想定しているケースも明示してください。また、その場合、どこの誰がその判定を行うと考えているのかも、明示ください。
（4）オリパラ期間中、熱中症被害を受けた人が苦情（訴訟等含む）を申し立てる事態が予想されます。その場合、それに対応する部署はどこになりますか。その部署名と責任者名を教えてください。
（5）ボランティア保険の詳細内容が決定するのはいつでしょうか。発表予定を教えてください。

†オリパラ組織委には酷暑対策部署が存在しない？

以上の再質問5項目に届いた以下の回答は、ウェブマガジンWEZZYでも19年10月18日に公開した。

〈回答〉

ご質問（1）及び（3）について

前回ご回答申し上げましたとおり、東京２０２０組織委員会が募集・運営する大会ボランティアにつきましてはケースバイケースの判断とはなりますが、基本的に組織委員会が責任を負うものと考えております。

また、観客の皆さまにつきましても組織委員会の責めに帰すべきと判断される場合に組織委員会の責任となると考えております。この点もケースバイケースの判断となります。熱中症となる原因は様々なものが考えられるところであり、その責任の所在は、具体的な状況下において個別に判断されるものであります。どのようなケースにおいて責任が生じるかを一概に示すことは難しく、かえって誤解を生じかねないものと考えております。

ご質問（2）及び（4）について

暑さ対策は、組織委員会の特定の部署や個人が実施するものではなく、組織委員会が組織として実施するものであり、組織委員会が法人として責任を負います。

ご質問（5）について

ボランティア保険の詳細内容については調整中となります。追って、大会ボランティアとして活動いただく方々にお知らせする予定です。

組織委員会としては、皆様の様々なご意見も伺いながら暑さ対策を検討実施してまいります。ご理解とご協力のほど宜しくお願い申し上げます。

公益財団法人東京オリンピック・パラリンピック競技大会組織委員会
戦略広報課

一読してわかる通り、今回の回答も前回同様、無責任と欺瞞に満ちていた。

まず（1）と（3）だが、前回の回答で「ボランティアと観客の熱中症責任を組織委が負うかどうかはケースバイケース」と組織委側が書いてきたので、ではそのケースバイケースを明示せよと質問したのだが、「誤解を生じかねない」などと言って具体例を挙げることから逃げている。

自らがケースバイケースだというのなら、どのような場合に責任が生じるか、その具体的なケースを提示しなければ、組織委の考えは分からない。想定しているケースを明示しないのは、実際には何も考えていないか、言質を取られることを恐れて逃げているとしか考えられない。

また、質問（1）と（4）では、その「ケースバイケース」が組織委の責任となるかどうかを判定するのはどこか、苦情の申し入れ先はどこかとも尋ねているが、その部分は完全に無視されている。なぜこの質問に返答しないのか、自分たちが答えたいことしか答えない体質がにじみ出ていた。

†東京五輪最大の懸案を担当すべき部署はなかった

だが、前回は回答を無視した（2）については、今回は珍妙な回答をしてきていた。ボランティア担当部署はどこか、そしてその責任者は誰かという至極簡単な質問に「暑さ対策は、組織委員会の特定の部署や個人が実施するものではなく、組織委員会が組織として実施するものであり、組織委員会が法人として責任を負います」などと、ごまかしているのだ。

会場内で熱中症により死者が出た場合、組織委が責任を負うのは当然である。しかし、どのような企業でもそうであるように、組織委の中にもボランティアと観客対応部署があるはずであり、そこには責任者がいるはずである。これだけ酷暑問題が叫ばれているのに、その対応責任者の名前を出さないのは、万一の場合の責任を不明確にしようとしているとしか考えられない。

実は、報道陣に対しては、ボランティア関連の総責任者は副事務総長の坂上優介氏（UDトラックス会長）だと明らかにされていた。だが、組織図にボランティア対応部署、または酷暑対策部署の記述はない。つまり、東京五輪最大の懸案を担当すべき部署が、組織図上は存在していないのだが、こんなバカなことがありえるだろうか。もしこの時点で専任部署が存在しないのなら組織として無能だし、責任逃れのために分散させているか、または隠しているとしたら大罪である。

坂上氏は大型トラック製造会社のトップであるが、組織委においてはいわばお飾りである。もちろん酷暑対策の専門家ではないし、そもそも専任の担当部署がない状況で、有効な酷暑対策などできるのか。そして万一の際、その責任を取れるのか。

無責任企業の代表格である東電や関電でさえ、原子力部門の責任者の名前は明示されている。そして、原発事故当時の責任者たちは刑事告訴された。責任者とは、いざという時に責任をかぶるための役職なのだ。それなのに組織委が担当部署と責任者を明示しないのは、万一の際の責任追及を曖昧にしようと画策していると見られても、仕方がない。今回のやり取りで、組織委のそうした姿勢がより一層鮮明になったと言えるだろう。

†組織委、ボランティア熱中症対策の無策を露呈

筆者はかねてから、ボランティアの熱中症対策に対する組織委の対応の遅れを指摘して来たが、19年5月18日に国内競技62団体の代表者を集めて開かれた非公開会議で、その無策ぶりが改めて露呈した。

席上、組織委は5月下旬から各地で始まるテスト大会での暑さ対策として、ボランティ

アにお茶や水などのペットボトルと塩飴を配布する案を説明した。

ところが、出席していたボクシング団体の代表者が「外で長時間作業するボランティアは汗で塩分が失われる。そこに水を飲んだら血中の塩分濃度がさらに薄まり、また汗が出て重ねて塩分が失われる悪循環となる。お茶は利尿効果もあってなおさらだ。塩飴だけなめても十分ではない。重症者、死者が出たら大変だ」（朝日新聞、19年5月20日）と発言したため、会場は静まり返った。

集まっていたのは各競技大会の代表であり、彼らアスリート経験者からすれば、ボクシング関係者の発言は常識中の常識だっただろう。それなのに、テスト大会が行われる段階になっても、組織委の「暑さ対策」がお茶や水などのペットボトルと塩飴を配る程度のものだったので、出席者はその無策ぶりに驚愕したのではないか。組織委は「意見は預かって検討する」とその場を収めたらしいが、組織委のボランティアに対する無責任さが改めて強くクローズアップされた瞬間だった。

別の国内競技団体の担当者は「暑熱対策は今の案ではまずいのはみんな分かっている。このままというわけにはいかないだろう」と危機感を口にした（朝日新聞）。とあるが、この発言には何か奥歯に物が挟まったかのような、分かりにくさを感じる。

察するに、組織委は提供する水分をスポンサー（コカ・コーラ社がノンアルコール飲料担当）に頼ろうとしているが、スポーツドリンクの供給が追いつかないか提供を断られたため、水とお茶というお粗末な発表になったのでは、ということが想像できるのだ。五輪会場内で販売または提供できる飲料や食品はスポンサー製品に限られるから、スポンサーとの契約条項を盾にされると、競技団体も文句を言えなくなり、このようなはっきりしない対応になっていたのだろう。これもスポンサーファーストの弊害であった。

†米OWSチームからも会場変更要請

東京五輪の競技会場について、19年11月にマラソンと競歩が札幌に変更されたが、実は米国のオープン・ウォーター・スイミング（OWS）関係者からも、会場変更を要望する声が上がっていた。米AP通信が12月6日に報じた。

OWSは、海や川など屋外で長距離を泳ぐ競技で、東京五輪では、お台場海浜公園で10キロのマラソン・スイミングが開催された。

だが、当初から指摘されたように、お台場の水質は劣悪で、そもそも通常の遊泳は禁止されている。そこで10キロも泳いで本当に大丈夫なのか、という懸念が出ていたのだ。トライアスロンのテスト大会でも同じ問題が表面化したが、あちらの遊泳距離は1・5キロで、OWSの10キロとは比べものにならない。大腸菌がウヨウヨしているような場所で10

キロも泳いだら危険なのは、子供でも分かるだろう。

さらに、国際水泳連盟が定める水温の上限は31度なのに対し、19年8月にお台場で行われたテスト大会では30・5度まで上がった日もあった。米国チームの監督によると、米国の選手たちは水温が29・45度を超えた場合、参加を見合わせるようにアドバイスされていたという。つまり水温、水質の両面で、まったく競技に適さない場所で五輪をやろうとしていたのだ。

ちなみに日本国内のOWSの大会は、ここ数年千葉の館山で行われている。こちらの平均水温は約25度で、水質はまったく問題ない。米国チームは、館山での実施を要望したという。

しかし、マラソンと競歩の移転騒ぎの際、東京都の小池知事は、今後他の競技の移転は一切認めないということでIOCと〝握った〟経緯があるため、米チームの要望は宙に浮いた状態になった。OWSは参加選手が全部で25名程度という小所帯なので、IOCからも無視されていたのだ。

OWS以外にも、ゴルフや馬術、テニスやサッカーなどの屋外競技関係者の間では、東京の高温多湿環境を危ぶむ声が上がっていた。それらに参加する選手たちはもとより、その世話をするボランティアや、観客たちの熱中症の危険性は、まったく払拭されていないままだったからだ。だが組織委や東京都は、ＩＯＣとの「他の競技は移転しない」という約束を盾に、それらの危惧を無視していた。結果的に米ＯＷＳの要請は無視され、お台場での競技は強行された。

第六章

マイナスばかりだった五輪開催

進軍ラッパを吹き鳴らす「本土決戦思想」の再現

２０２０年３月24日、全世界的なパンデミックの広がりに抗しきれず、遂に東京五輪の1年延期が決まった。政府・組織委は直前まで開催する態度を崩していなかったが、世界各国の競技団体がＩＯＣに対して中止や延期を要求するに及び、聖火の国内リレー開始直前で1年延期を決めたのだった。

だが、延期直後から、もはや開催そのものが不可能ではという意見も飛び交った。その不可能に挑戦するがごとく、とにかく進軍ラッパを吹き鳴らしていたのが、当時の組織委会長、森喜朗氏だった。9月に入ると、「とにかく、どんなことがあっても来年は必ずやります」「どんなことがあっても必ずオリンピックは開かれます」などと発言していた。

橋本聖子五輪相も、「中止は一切考えたことがない」「自信をもって準備している」などと言っていた。

もちろん、どんな発言をするのも森氏や橋本氏の自由だが、組織委会長、五輪担当相という立場で「必ず開かれる」と言うのなら、コロナ禍でも安全に開催できるという、確たる理由を説明する責任があるはずだった。

だが、「必ず開かれる」という発言の明確な根拠が示されたことは、遂に一度もなかった。科学的根拠もなく、ひたすら願望だけを叫ぶのは極めて無責任であり、国民の共感を得られるはずがなかった。もはや開催することだけが目的化していたのだ。

選手全員に専用車をつけ、行動を制限し、試合終了後に時間をおかずして帰国させれば、確かに感染の危険性は減るだろう。しかしそれには巨額の予算と同時に、世界中の若者が一堂に集まって友好を深めるという、五輪最大の目的も失われる。ひたすら感染を防ぐことのみに執着し、選手同士や観客との交流を制限する五輪に、一体どんな開催意義があったというのか。この疑問に対し、明確に答えることができた関係者は、最後まで一人もいなかった。

結果的に見れば、東京五輪は簡素化を目指すといいながら、さらなる巨額の追加支出が発生した。安心安全と言いながら、数百万人単位の観光客が集まる中でのコロナ発生を食い止めることが不可能なのは、小学生にでも分かる。それなのに、政府と組織委は「予防措置を頑張れば、なんとかできるかもしれない」「ギリギリ直前になればワクチンが間に合うかもしれない」などと言いながら中止決断を先延ばしにし、会場の賃貸料、組織委の人件費など億単位の無駄な出費を生じさせていった。

ワクチンも足りず、治療薬もないのに「頑張って準備すればなんとかなる」などと言うのは、太平洋戦争末期、米軍を本土に呼び込んで一度これを叩けば、有利な条件で講和に持ち込めるかもしれないと考えた、日本陸軍の愚劣な「本土決戦思想」と同じでなかったか。

†簡素化の真逆「万全のコロナ対策」で費用増大

刻々と、あらゆる指標が「中止」を示していたのに、損害賠償や責任追及から逃れるため、いたずらにその決断を先延ばしにした。その結果、さらなる巨額支出を招き、感染爆発による医療崩壊状態の中での開催は、多くの国民を不安に陥れた。

コロナ禍開催の最低条件である「徹底隔離・徹底検査案（バブル方式）」の前に立ちはだ

かったのが、費用の問題である。

組織委は1年延期で発生する追加費用（約3000億円）への批判を和らげるため「五輪簡素化」を言い出して約300億円の経費圧縮を達成できると発表した。だが、「コロナ対策」のためには最低でも800億円以上の費用がかかると予想されていたから、圧縮効果など簡単に吹き飛んでしまう。「万全のコロナ対策」とは五輪簡素化の真逆をいくものだった。そして問題なのは、その費用すべてが、税金であるということだった。

選手村専用PCR検査機器や検査体制等の整備、選手や関係者専用の病院と、語学力のある医療従事者の確保や、各会場やバックヤードの仕切り、空気清浄機、扇風機、検温器など、新たな設備投資が発生するのは目に見えていた。それなのに、政府調整会議では費用面についてはほとんど語られていなかった。必要なものは税金で買ってしまえばいいという、極めて無責任な流れができていた。まさに費用を無視した机上の空論のオンパレードだったと言えるだろう。

さらに、酷暑の季節に観客や関係者全員にマスク着用を義務づけることは、酷暑対策と真逆になる。酷暑対策も有効な手段が無かったのに、そこにさらにコロナ対策が重なってきたのだから、まともに考えれば不可能であった。

†「一月万冊」に集まった内部告発

五輪までの数年間、組織委内部や電通に関係する多くの方々から、実に多くの情報をいただいた。特に2020年8月以降、清水有高氏が運営するYouTubeチャンネル「一月万冊」で連日五輪問題を扱うようになってから、様々な内部告発が寄せられた。「スポンサーである既存メディアに話しても、握りつぶされて扱ってもらえないから」というのがその大半の理由であった。組織委のあまりに無責任なやり方に義憤を感じた方は、内部にも数多く存在したのだ。ここで、そのいくつかを紹介しよう。

20年8月中旬、五輪のテスト大会にボランティアとして参加した方から、組織委から配られた「酷暑対策グッズ」なるものの情報が寄せられた。写真に写っていたのは、

1　体調管理シート
2　即攻元気（明治）
3　デコデコクールS1袋（久光製薬）
4　うめ塩飴2個（明治産業）
5　ヘルシー焼ショコラ（アサヒグループ食品）

で、これが1日分として支給された。この他に、お茶または飲料水のペットボトル1本

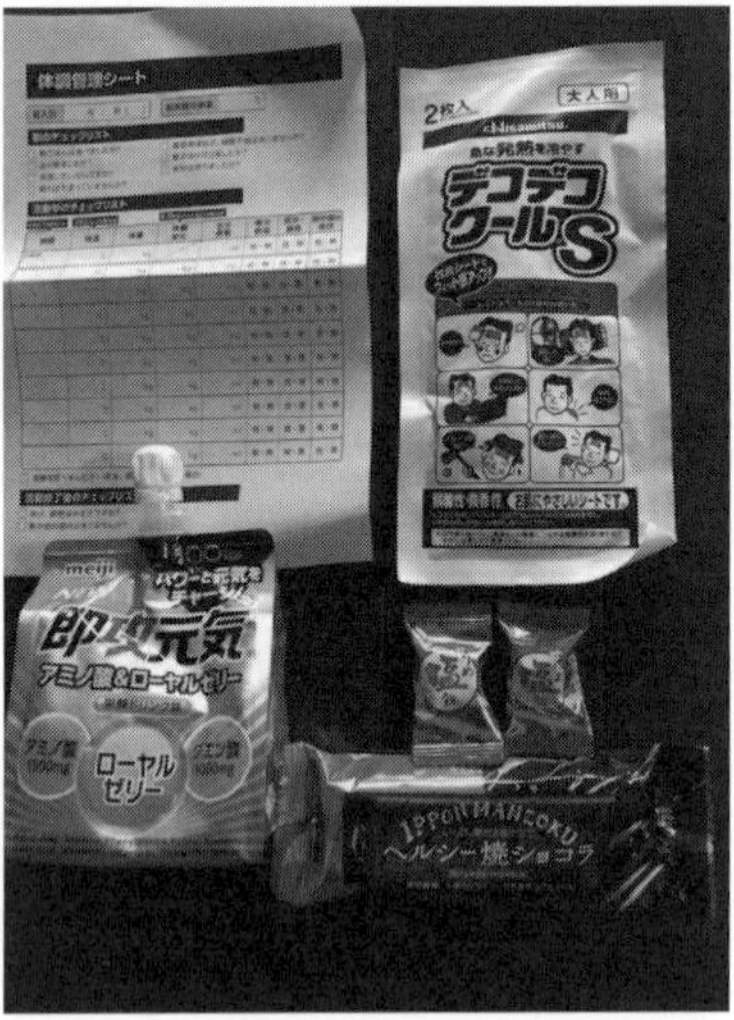

ボランティアに支給された酷暑対策グッズ

があるが、それを飲んでしまったら、あとは自腹で購入することになっていた。

まず驚いたのが、手書きで記入する体調管理シートだった。これをいくらまじめに記入しても、組織委がリアルタイムでボランティアの健康状態を把握することは不可能である。ボランティアの健康管理など、する気がまったく無いのが一目で分かった。

さらに、デコデコクールSは、パッケージにもある通り「急な発熱を冷やす」ためのものであり、暑さ対策のための製品ではない。つまり用途が違うものを、間に合わせ的に配っていたのだ。しかも2枚しか入っていない。うめ塩飴2個も、熱中症対策としてははなはだ不十分であり、焼ショコラにいたっては、何のための支給なのか不明であった。

開催1年前のテスト大会でこんな状況では先が思いやられたが、驚いたことに21年夏も変わらなかった。本番でもボランティアの健康管理はアプリなどではなく、手書きの管理シートのコピーを提出するだけだったのだ。

コロナ対策としてＰＣＲ検査も義務づけられたはずだったが、やらなくてもチェックされることはなかった。ボランティアの健康管理は、まさに自己責任と運頼みだけだったのだ。

†ＩＯＣが中止打診という内部情報

そんな中、驚愕すべき情報が筆者の元に入ってきた。電通や組織委の内部情報によると、20年10月20日の段階で日本政府、電通と組織委に対し、ＩＯＣから五輪中止の打診が入ったというのだ。ＩＯＣとしては、11月16日に予定されているバッハ会長と菅首相との会談で正式伝達の予定であるという。ただ、日本政府が直ちにそれを発表するかどうかは不明、というものだった。

だが9月中は、バッハ会長やコーツ副会長は盛んに東京五輪の実施を吹聴していた。新型コロナの流行があっても、五輪はやれるというような楽観的見通しであり、それを受けて日本側の森組織委会長や菅首相も、五輪は必ずやるという発言を繰り返していた。それがなぜ急に変わったのか。

それは、欧州のコロナ感染者が、10月の第2週になってから爆発的に増え始めたからだ。

IOCが日本に通達
内部情報あり
決定!?
五輪中止
YouTube「一月万冊」の配信も大反響を呼んだ

その増加は凄まじく、主要国のほとんどで外出禁止令やロックダウンが実施され始めた。

第一波の感染爆発の際に優等生であったドイツも例外ではなく、コロナ対策の司令塔であるシュパーン保健相までもが感染してしまった。ＩＯＣの本部はスイスのローザンヌにあるが、スイス国内の感染者数も爆発的に増加していた。ＩＯＣ幹部もコロナの猛威を目の当たりにして、認識を改めざるを得なかったに違いない。

10月21日に筆者がこの情報をツイートし、ＹｏｕＴｕｂｅチャンネルで発表すると、予想以上に拡散された。特に反応が早かったのは海外メディアで、米ブルームバーグ、米ＡＰ通信、仏ル・モンド、独国営ラジオ放送などから相次いで取材が入った。国内では日刊ゲンダイがすぐに筆者に取材し、五輪中止の見通しと２０３２年大会への再立候補という仰天プランもすっぱ抜いて、さらに話題を集めた。

11月12日のＪＢプレスは「ＩＯＣ「中止提案」説で五輪組織委に内部分裂の兆し」の記事の中で、16日から来日するバッハ会長らの思惑について、中止を話し合うのではないか

との記事を掲載。その中で、

「大会組織委員会の関係者の1人は、観客の人数制限、あるいは無観客にするとしても来夏の東京五輪開催は現状でかなり厳しくなっているとバッハ会長、コーツ副会長も認識している模様だ」

と明かし、次のようにも打ち明けた。

「正直に言えば、我々の多くも東京五輪の実施には諦めムードを漂わせている。ただバッハ会長らIOC側は自分たちから開催中止を申し伝えるつもりはほぼなく、中止を決定するにしても日本側に開催断念と言わせたいようだ。中止決定となればケース・バイ・ケースだが、違約金の発生などへと絡んでくる可能性が高い。その辺りの駆け引きもバッハ会長、コーツ副会長の来日によって日本側と行われる話し合いの場で繰り広げられることになるかもしれない」

と報じた。組織委内部に、確かに中止観測が流れていたのだ。

†中止観測を一切報じなかった国内メディア

だが、国内で沸き立ったのは『日刊ゲンダイ』とネットメディアだけで、11月になっても大手メディア（全国紙、テレビ局）はスルーを決め込んだ。全国紙（朝日、読売、毎日、日経、産経）はいずれも五輪スポンサーになっており、新聞社とクロスオーナーシップで結ばれているテレビ局も、間接的に五輪翼賛側に属しているため、この話題を追いたくなかったのだ。

ではなぜ大手メディアはこの重要情報をスルーしたのか。報道機関がこの話題を記事にするためには、筆者に直接取材しなければならない。そうなると、情報元が電通であると書かなければならないし（メディアは電通の名称を極力報道したくない）、組織委の側に立ってこの情報を否定すると、もし本当に中止になった場合、取り返しがつかなくなる。五輪推進の立場からは真っ先にガセネタとして否定したいのだが、筆者の情報に信憑性がありすぎて、あからさまに否定もできない。そして無理に記事にしてしまうと、間接的に中止の可能性を匂わせるような内容になってしまうから、結局は報道したくてもできなかったのだ。もちろん、全国紙が中立の立場だったら、そんな心配をする必要はない。ここへ来て、スポンサーになっていたことが、まともな報道ができない、重い足かせになっていたのだ。ちなみに、過去の五輪で報道機関がスポンサーになった例は2000年のシドニー五輪での地元ローカル紙があったくらいで、今回のように、一社どころか大手新聞社全紙がスポンサーになっていたのは、極めて異常な状況であった。

だが日本政府は、「WITHコロナ五輪」などという世迷い言をキャッチフレーズに、徹底した感染予防をすれば五輪が開催できるようなプロパガンダを展開していた。しかし、そのためには莫大な追加予算と、医療従事者などの人的資源の確保が必要であり、しょせんそれは、青天井の税金がなければ実現できない、絵に描いた餅に過ぎなかった。現に、東京都医師会の尾崎会長は、酷暑対策に加えてコロナ対策のための追加措置は、病院のマンパワーを消耗させ、地域医療の崩壊に繋がると警告を発していた。当たり前だが、病院は五輪のために存在しているのではないのだ。

†組織委のGoTo利用を阻止

2020年10月、組織委内部の方から、組織委がGoToトラベルキャンペーンを出張に使おうとしている、という情報が入った。五輪組織委はさまざまな官庁や企業からの出向者で構成されており、税金が投入されていたため、法律上はみなし公務員とされていた。

つまりその扱いは公務員に準ずるということであり、その給与や経費は税金で賄われることになる。だがGoToの財源は税金だから、もしそのキャンペーンを公務員が利用すると税金の二重取りになる。そのため、20年7月下旬の段階で政府から「公務員の出張等での利用禁止」が通達されていた。だが組織委の内部文書はGoToの利用を促していて、しかも10月7日付であることから、通達を真っ向から無視していると考えられた。

＜ 国内出張時の手配方法 ＞

○ 新幹線・特急

・JR 東日本「えきねっと」　https://www.eki-net.com/top/index.html

・JR 東海「スマート EX」　https://smart-ex.jp/top.php

・その他鉄道会社のインターネットサイトや窓口での直接購入も可

○ 飛行機

・ANA 法人予約サイト　https://wb.bis.ana.co.jp/

・JAL 法人予約サイト　https://ohm.jal.co.jp/web_john/login2.jsp

○ ホテル・旅館

・JTB 予約サイト　：　https://www.jtb.co.jp/kokunai_hotel/

・近畿日本ツーリスト予約サイト　：　https://www.knt.co.jp/

・東武トップツアーズ予約サイト　：　https://tobutoptours.jp/

※ 希望する条件等に合致しない、旅費規程における宿泊料基準額を超過するなど、上記方法で手配が難しい場合には、ホテル・旅館への直接申し込み、ANA・JAL 以外の航空会社からの手配、その他のインターネット旅行サイト等による手配も可とします。

※ 団体割引が適用可能な場合には、当該旅行代理店や鉄道会社からの手配を推奨します。割引適用条件など詳細については旅行代理店等に直接問い合わせ願います。

※ 2020 年 10 月 1 日より、東京を発着地とする国内旅行についても GoTo トラベルキャンペーンの対象となります（キャンペーン概要 https://goto.jata-net.or.jp/）。出張に当たってはコスト縮減のため、原則、本キャンペーンが適用される旅行代理店から手配をお願いします。ただし、金券である地域共通クーポン（電子／紙媒体）については、みなし公務員という立場に鑑みて「使用禁止」とします。電子クーポンの場合は取得サイトにアクセスしない、紙クーポンの場合は受領後ご自身で処分をお願いします。

＜ お問合せ先 ＞

予算執行及び本通知全般に関すること　[redacted]

支払い処理に関すること　[redacted]

タクシーチケットの取扱いに関すること　[redacted]

旅費規程に関すること　[redacted]

旅行代理店、航空会社、座席クラスに関すること　[redacted]

職員に関すること　[redacted]

人材派遣職員に関すること　[redacted]

業務精算システムの操作に関すること　[redacted]

[redacted]

GoTo キャンペーンの利用を促す組織委の内部文書。3 つめの※印に「共通クーポン使用禁止」とあるが、その処理は個人任せで曖昧になっていた問題だと感じたのは書類一番下の※印の記載である。「出張に当たってはコスト削減のため、原則、本キャンペーンが適用される旅行代理店から手配をお願いします」とあり、明確にGoToの利用を指示していた。また、それに続く部分でも、クーポン券の扱いを「ご自身で処分」などと、報告義務も課さず曖昧にしていた。

それを「一月万冊」で話したところ、すぐに立憲民主党の衆院議員と東京新聞から問い合わせが来た。議員は国会で組織委を追及したいとのことだったが、議員が質問状を送り、東京新聞も取材に動いたことで、組織委は直ちにGoToの利用を中止する通達を出した。これにより、多額の税金が二重に使用されることを防ぐことができ、組織委の遵法精神の欠如も明らかにすることができた。

†毎日新聞と協働して

新聞社と協働して、内部告発を世に出した事例もあった。

21年5月26日、毎日新聞は「東京五輪の会場運営「1人1日35万円」委託契約書類に記載」というスクープ記事を掲載した。その記事の一部を紹介する。

「東京オリンピック・パラリンピック組織委員会による民間企業への会場運営委託を巡り、毎日新聞は契約書とその内訳書の写しを入手した。内訳書には、大会準備・運営に当たる

H31-001503

委託契約書

1. 契約の目的　オリンピック・パラリンピック競技大会運営に関する準備・運営業務委託（武蔵野の森総合スポーツプラザ）

2. 契約金額　623,040,000円
（うち取引に係る消費税及び地方消費税の額　56,640,000円）

3. 契約期間　2019年12月18日から2020年9月30日まで

4. 履行場所　仕様書に記載のとおり

5. 契約保証金　免除

公益財団法人東京オリンピック・パラリンピック競技大会組織委員会を委託者とし、株式会社東急エージェンシーを受託者とし、委託者及び受託者は、上記の委託業務について、各々の対等な立場における合意に基づいて、以下の条項により公正な委託契約を締結し、信義に従って誠実にこれを履行するものとする。

委託者と受託者は、本書を２通作成し、それぞれ記名押印の上、その１通を保有する。

2019年 12月 17日

委託者　東京都中央区晴海一丁目８番１１号
公益財団法人　東京オリンピック・パラリンピック競技大会組織委員会

事務総長　武藤　敏郎　印

受託者
東京都港区赤坂4丁目8番18号
株式会社東急エージェンシー
代表取締役
社長執行役員　澁谷尚幸
住所：
氏名：
（法人の場合は名称及び代表者氏名）　印

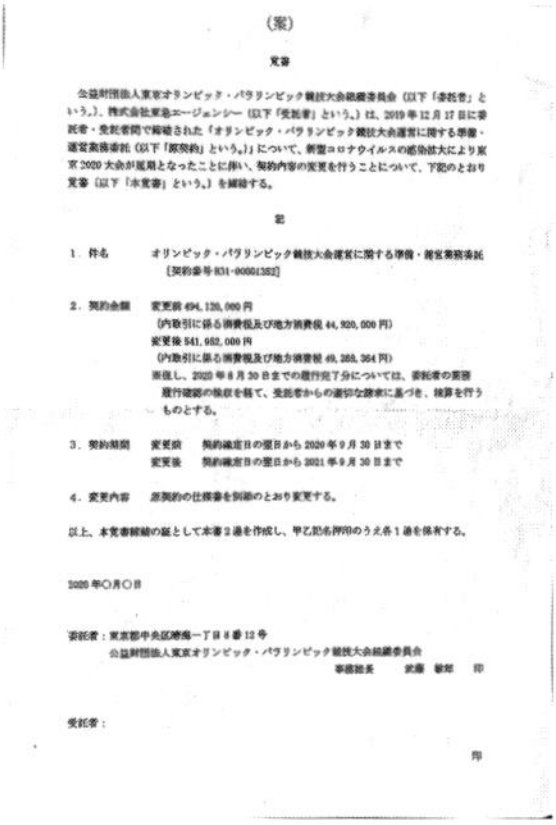
（案）
覚書

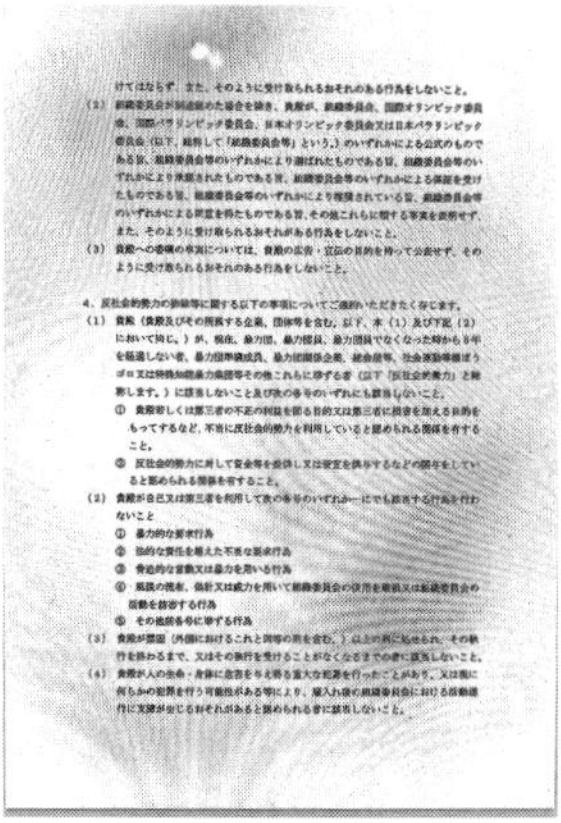

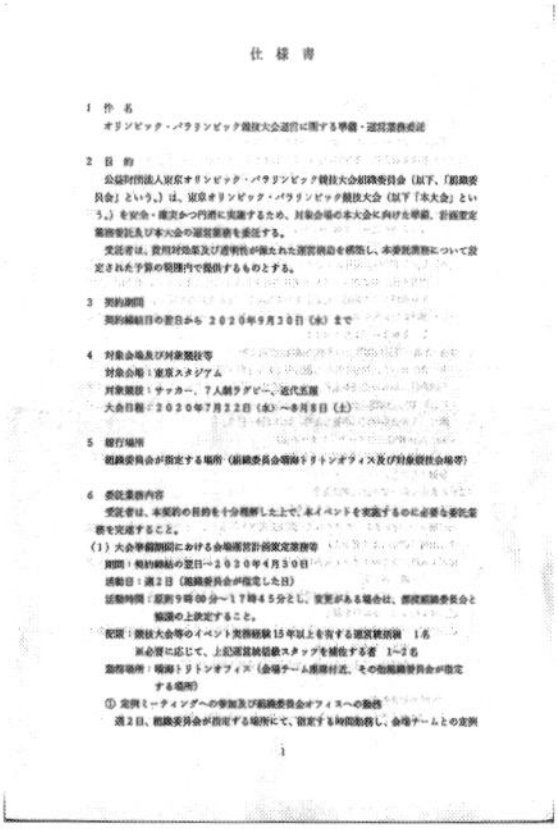
仕様書

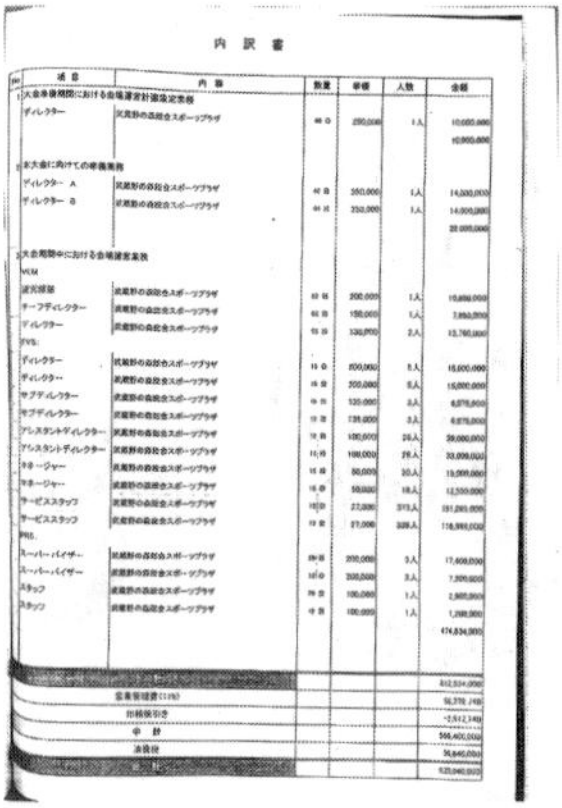
内訳書

民間企業への会場運営委託に関する委託契約書（右）と、覚書（上）、内訳書（下右）、仕様書（下左）の写しディレクターなどの1人当たりの「単価」として最高1日35万円と記載。人数や日数を掛け合わせて委託費を積算したとみられ、その総額は契約書の金額と一致している。（中略）毎日新聞が今回入手したのは、五輪開催の42会場のうち、組織委が大手広告代理店に委託した武蔵野の森総合スポーツプラザ（東京都調布市）の準備・運営業務の契約書。契約日は五輪の1年延期が決まる前の2019年12月17日で、期間は翌日から20年9月末まで。契約金額は消費税込みで6億2304万円と記載されている」（毎日新聞、5月26日）

この記事のもとになった資料を提供してくれたのは、筆者たち「一月万冊」と1年以上前からコンタクトを持ち、以前から多くの情報をリークしてくれた、組織委内部の方だった。筆者たちは立憲民主党の斉木武志議員と毎日新聞と協働してこの資料を精査し、それぞれの方法で発表した。斉木議員は5月26日の衆院文部科学委員会で、この契約書と内訳書を元に、組織委の布村副事務総長に質問した。一人当りの人件費が35万円というとんでもない設定はあっという間に拡散し、組織委のずさんな価格設定が浮き彫りになった。この件は後にTBSの「報道特集」でも報道され、組織委への批判が殺到した。本書掲載の書類も、斉木議員が質問に使った契約書や内訳書と同じものである。

†「#看護師の五輪派遣は困ります」の拡散

4月25日、組織委が日本看護協会に看護師500名の手配を依頼した、との内部文書を、共産党の『しんぶん赤旗』が報道した。コロナ禍で全国の主要都市に緊急事態宣言やまん延防止等重点措置が出されていて、特に大阪の医療体制が崩壊していると言われていた中での要請に、国民の怒りが爆発、組織委に抗議が殺到した。その後、全国の医療従事者がSNS上でさまざまな呼びかけの声を挙げた。

まず、愛知県医療介護福祉労働組合連合会の「#看護師の五輪派遣は困ります」というツイートが瞬く間に20万回以上リツイートされた。医療崩壊が起きているのに、看護師を窮迫する現場から五輪に派遣するなどあり得ないとする怒りの声が、SNSを駆け巡った。

この医労連のツイートによる世論の高まりを無視できず、スポンサーの大手新聞社も遂に社説で五輪開催に疑問を提示し始める。次のような見出しが並んだ。「五輪とコロナ冷静な目で現実見るとき」(朝日新聞、4月30日)、「混迷する東京五輪準備　危機への対応力が足りぬ」(毎日新聞、5月1日)、「東京五輪　「無観客」の前に手を打て」(産経新聞、5月1日)。

今は、SNSで話題になっていることは、新聞社も常時リサーチしている。単に五輪に反対しているのではなく、コロナ禍の最前線で闘っている人々の悲痛な声を無視することはできなかったのだろう。その後も、東京都立川市の立川相互病院が窓に「医療は限界五輪やめて！　もうカンベン　オリンピックむり！」と書いた張り紙を掲げ、東京五輪開催に抗議する写真が拡散し、大きな話題になった。

だが、ここまで事態が逼迫し、ほとんどすべての医療従事者から反対の声が上がっても、大手新聞社やテレビ局が五輪中止論を言い出すことはなかった。大手メディアの中で唯一、朝日新聞が「夏の東京五輪　中止の決断を首相に求める」と題した社説を掲載したのは5月26日だったが、他社が追随することはなく、朝日もこの社説以外で中止論を展開することはなかった。朝日社内でも、五輪開催派と中止派に分裂していたのである。

そしてテレビでは、医療崩壊の現場を心配そうに報告した局アナが、次の瞬間には笑顔で五輪ネタを紹介するなど、コロナ禍の現状と五輪を切り離す報道が、意図的に行われていた。五輪中止の世論が沸騰するのを、大手メディアがスクラムを組んで阻止していたのである。

†完全に政争の具と化す東京五輪

一時は世論調査で開催反対が8割近くになっていたのに、政府は東京五輪開催を強行しようとしていた。政府の感染症対策分科会の尾身茂会長はじめ、あらゆる医療関係者が危険性を指摘していたのに、政府の強硬な姿勢が際立っていたのはなぜだったのか。

それはその頃、五輪が菅政権の唯一の延命装置になってしまっていたからだ。3度目の緊急事態発令やワクチン接種の遅れにより、様々な世論調査で菅政権の支持率は発足以来最低を記録していた。そこに、5月に実施された衆院補選での3連敗が重なった。今後、秋に予定される衆院選挙まで国政選挙はなく、菅政権が反転攻勢を示す機会は一つもない。そのため、「五輪の開催」だけが唯一、政権の存在意義を示す存在にクローズアップされてしまったのだ。五輪を開催し、自粛疲れしている国民にお祭り気分を味わわせて支持率を回復させ、開催を成功と喧伝して衆院選を行えば、ボロ負けすることはないだろう、という非常に甘い読みがあったのだ。

開催を強行すれば、大会中や大会後に感染爆発する危険性が指摘され、世界各国に東京で発生するかもしれない新たな変異種をばらまくおそれが危惧されていた。政府もその危険性を承知していたが、だからといって五輪を中止すれば、コロナ制御に失敗して五輪まで中止に追い込まれた無能政権というレッテルを貼られ、その批判を引きずったままで衆院選に追い込まれれば、大敗することが目に見えている。だから、政権は意地でも五輪を開催したいのだった。

だが、これは国民の生命を危険にさらす、博打のようなものだった。政府感染症対策分科会の尾身会長は、国会での質疑で「今のような状態なら、普通なら五輪はやらない」とまで発言した。東京都医師会の尾崎会長は、「無観客が最低条件で、東京の感染者が日に100人以下でないと難しい」とまで言っていた。

他にも、大阪府医師会はじめ多くの医療関係者から、五輪開催は感染リスクを高めるだけだから、中止または延期せよという声があがっていた。専門家がこれだけ声を上げているのを無視して、菅政権はわずかな成功の可能性に賭けようとしたのである。東京五輪はもはや、国民の安心安全など完全に無視した、政権延命のための政争の具と化していたのだ。そして菅政権は、五輪開催中の感染爆発で、その命脈を絶たれることになる。

†なぜ再延期できなかったのか

5月頃まで、中止論や再延期論がメディアを賑わせていた。21年夏の開催反対の世論には、22年以降への再延期を望む声も多数含まれていた。だが、それは99％不可能であった。これには、IOCの都合と日本側の都合が複雑に絡み合っていた。IOCは五輪のブランド維持のため、22年2月開催予定の北京冬季五輪、11月開催のサッカーW杯との重複は絶対に避けたい。さらに次の24年パリ大会まで2年しかなく、「五輪は4年に一度」という大前提が崩れてしまう。それはすでに1年延期によって崩れかけてはいたが、IOCとしては、このタイミングではすでに1年延期が限界だったのだ。

日本側にも切実な問題があった。まず一つは、選手村確保の限界である。選手村として利用された後にマンションとして売却される晴海フラッグは、1年延期で入居が遅れた購入者が裁判を起こす騒ぎになっていた。さらにもう1年延期となれば、デベロッパーがもはや交渉に応じないだろうと言われていたのだ。

選手村の確保は開催都市契約で必須とされており、今さら他に1万5000人規模の人員を収容できる場所は存在しないから、この問題には解決策がないのだった。

さらに、東京ビッグサイトをはじめとする様々な施設の賃貸料、人件費、組織委の人員確保など、1年延期で発生した超過予算約2900億円相当の金額が、再度また必要になると予想された。ただでさえ招致時に掲げた予算の大幅超過が批判されているのに、さらなる延期による税金投入は、国民の理解が得られないと考えられた。以上のような理由から、再度の延期は不可能と言われていたのだ。

†違約金と賠償金問題

様々な媒体で話題になっていたが、日本側から中止を言い出すと、IOCに対して違約金や賠償金が発生するのではないか、という議論があった。そもそも違約金と賠償金は意味が異なるので、その違いから解説しよう。

まず「違約金」とは、日本側から一方的に五輪中止を宣言した場合に、IOCが日本の組織委に対して請求するのではないか、とされるカネのことだ。この問題を検証するにはHCCという開催都市契約書を読む必要がある。東京都のHPに記載されているのだが、そこには違約金についての記述、項目はまったくない。つまり「違約金請求」という概念自体が契約書になかったのだ。

また、この点を熟知する立場にある組織委の武藤敏郎事務総長も、21年5月5日のテレビ東京系の報道番組「ワールドビジネスサテライト」で、中止に伴う違約金はない、と明言していた。つまり、開催中止を理由にした違約金の請求という概念自体が存在しないし、武藤氏の発言からも、その可能性はまったくないと考えられた。つまり違約金問題は、そもそも存在していなかったのである。

これに対し、こうした契約につきものの不可抗力条項もないから、何かしらの損害賠償が発生する可能性があると主張する人々もいた。しかし、一度でも読めば分かるが、HCCはIOCのあらゆる責任を免責している極めて不平等な契約であり、IOCに不利になる不可抗力条項など、あるはずがないのだ。

さらに言えば、HCCには延期に関する条項もない。だが1年前、IOCはコロナ禍を認めて延期に合意したのだから、同じ理由で中止を打診すれば、かたくなに拒否できるような立場にない。政府関係者の間でも「多額の開催経費を投じてきた日本側に違約金を請求すれば、IOCは国際社会に批判され、今後、五輪開催に名乗りを上げる都市はなくなる」（毎日新聞、21年5月15日）と語られていたが、これはその通りだ。

近年、世界ではただでさえ住民投票などにより五輪を拒否する都市が増えており、IOCは開催都市の確保に苦慮していた。それなのに、コロナパンデミックという世界共通の問題で開催を断念した東京に違約金という追い打ちをかければ、今後そんな無慈悲な団体と契約しようなどという都市や国がなくなるのは、自明であった。

それでも「賠償金が!」と主張する人々は後を絶たなかったが、そもそもIOCが何の名目で日本側に違約金を立てる（請求する）のか、きちんと指摘できていなかった。よく話題になったテレビ放映権は、IOCが米NBCと契約しているのであり、日本側との直接契約ではない。そしてIOCとNBC双方は保険に入っていて、たとえ開催中止になってもそれで賄われることになっていた。

保険加入については、その存在をIOCが解説したことはなかった（海外メディアでは既成事実として報じられていた）が、8月6日の東京での会見で、バッハ会長自身が、「（延期決定）当時、IOCにとって（大会の）中止はむしろ簡単な解決策だった。保険を使えばIOCの損失はなかったから」（FNNプライムオンライン8月7日）

と語っている。つまり中止になっても、IOCに金銭的損害は発生しなかったのだ。

また、スポンサー企業が組織委に賠償請求する可能性だが、これもあり得なかった。ゴールドカテゴリーなどの主要なスポンサー企業は4年以上前から契約しており、その間ずっと五輪マークをつけて販促活動をしてきた。つまり、ブランドイメージ向上にはすでにある程度役立ったと考えられ、具体的な損失額の策定は非常に難しいからだ。

さらに、スポンサーの多くは組織委と様々なバーター契約を結んでいた。例えば東京海上日動や日本生命は五輪関連の様々な保険契約を担当していたし、キヤノンや富士通は会場で使用される機材関連を独占的に搬入していた。他のスポンサーもそれぞれの分野で、組織委の資材調達の際は、自社の製品を最優先で購入してもらう契約になっていた。つまりスポンサーの多くは、五輪中止によって経営危機に陥るような、深刻なダメージを受けることはなかった。ただしグッズ関係のサプライヤーは、中止になればグッズ類が売れず、大きな打撃を被る可能性があった。

そしてそもそも、違約金や賠償金を払うのが損だから五輪は開催すべき、という考え方自体がおかしかった。国民の7割以上が開催に反対していたのは、開催によって感染が激増し、国民の生命が危険にさらされることを心配していたからだ。つまり開催の是非は国民の生命を守ることに直結していたのであり、賠償金云々と同列に論じること自体がおかしい。それを、あるかないか分からないカネを惜しんで天秤にかけるなど、論外であった。

†強行開催に伴う損害こそ、問題にすべきだった

20年、東京大会の1年延期に伴い、新たに2940億円の追加費用が政府と東京都、組織委の間で了承された。このうちの960億円がコロナ対策費とされ、それらはすべて国と東京都の負担となった。この時点での最大の問題は、今後新たなコロナ対策費が追加発生するのに、その金額がまったく不透明であることだった。

21年5月12日の衆院文科委員会で立憲民主党の斉木武志議員が、9日に札幌で実施されたマラソンのテスト大会を取り上げた。

その際、組織委の関係者6名を東京から札幌に移動（往復）させるためにわざわざチャーター機を用意した事実（これも組織委内部からの情報だった）を指摘、その費用が前年決定したコロナ対策費960億円に含まれるのか、それとも新たに発生しているものなのかを組織委

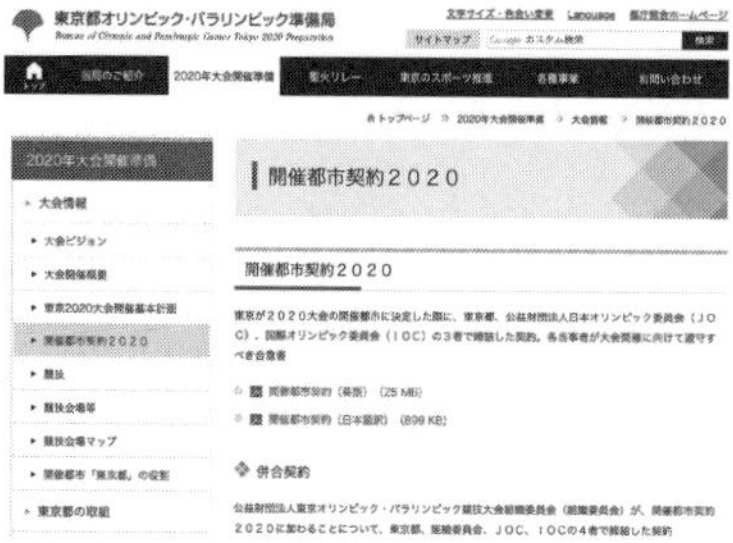

東京都オリパラ準備局 HP で公開された開催都市契約

の布村副事務総長に問うたが、布村氏は言を左右にして答えなかった。すでに発表した費用に含まれるのならそう返答すれば良いだけだから、これは新たな発生費用だと考えられた。

4月、組織委はアスリート用のプレイブック第二弾を発表したが、その中でアスリートは入国後ただちに選手村または宿泊施設に移動し（その移動手段もハイヤー等に限られる）、前回まで4日に1回としていたPCR検査を毎日行うようにするなど、矢継ぎ早に新たなコロナ対策を発表した。

だが、前述したチャーター機費用をはじめ、これらの新施策は、20年時点では想定されていなかったため、すべて新たな予算を必要とするのだ。それなのに、組織委は新たな費用の発生について大会終了後（9月）になってもまったく発表していない。

感染の危険性低減のためとはいえ、わずか6名の大会関係者のためにチャーター機を用意するくらいだから、200の国や地域から集まる1万5000人近いアスリートやコーチにも、同様の措置を用意することになっただろう。さらに、入国後の移動もバスではなく少人数用のハイヤーを用意することとなると、一体いくらの追加予算が必要になったのか、空恐ろしくなる。

つまり、コロナ対策を錦の御旗に、さらなる巨額の出費が積み重なることになったのだ。

だがそれは事前に発表されること無く、すべて大会終了後に発表され、都または国の税金で賄われることになるのだ。

さらに言えば、海外関係者が熱中症やコロナに感染して入院した場合、その治療費もすべて日本側が持つことになる。そこから派生して国民に感染が広まった場合の医療コストも、結局はすべて税金で賄われる。そうした隠されたコストも、可能な限り想定に入れて、強行開催のデメリットを議論すべきではなかったか。

結局、感染爆発によって再び緊急事態宣言発令が余儀なくされたが、それでも五輪は開催された。無観客開催で収入がまったく無くなる中、さらなる経済損失が発生した。緊急事態宣言発令による被害額は兆単位を優に超えると言われているのだから、これも強行開催による損失にカウントされるべきであったろう。

†バブル方式の弱点

無観客開催となったため、五輪ボランティアがアスリート以外に奉仕する対象は、海外メディア約3万人とIOC関係者、スポンサー関係者約5万人となった。このアスリート以外の人々は、選手村内に隔離されず行動制限が緩いため、選手以上に感染確率が高いと考えられた。入国時には陰性証明書やPCR検査が課せられるが、入国後は、アスリートのように徹底的な管理下にはおけないからだ。

メディアには滞在中の行動計画書を提出させるとしていたが、3万人の行動計画履行を逐一監視することなど、まったく不可能だった。実際、開催中に海外関係者が行動計画を無視して町中に出没した様子がSNSなどで拡散し、問題となった。

結果的に、五輪関係者とボランティアの感染者数は863人を数えた(NHK)。ボランティアに対するワクチン接種が遅れたため、開催期間中、常に感染の危険性に晒されることとなった。ボランティアには宿泊施設が用意されず、そのほとんどが毎日自宅または各自の宿泊先からの通いとなるため、その間、家族や友人ら複数の人々と接することになったのだ。

つまり、組織委やIOCが盛んに喧伝したバブル(泡)方式による五輪の安全な開催計画とは、選手村に隔離できるアスリートや関係者だけのもので、7万人以上の関係者やボランティアの安全はほとんど保証されていなかったのだ。これでどこが、安全安心と言えたのだろうか。五輪が感染爆発の震源にならずに済んだのは、無観客開催にしたことと、幸運な偶然の積み重ねであったのではないか。

さらにいえば、来日するIOCとスポンサー関係者はVIP中のVIPで、裕福な五輪貴族である。その貴族たちを、日当も出ない無給のボランティアたちが世話していたのは、薄気味悪いブラックジョークそのものではなかったか。

大会中に続出した車両事故

五輪期間中は、1日数万人のアスリートや多くのメディア関係者を絶え間なく輸送する必要があった。その輸送車両として、バスが1日約2000台（全国約600社のバス事業者から調達）、乗用車やミニバンなどの「フリート」が1日約2700台（パラリンピックは1800台）稼働し、その車両運転手の人数はプロドライバー、ボランティアドライバー合わせて約6000名とされていた。プロドライバーはVIP専用車両などを担当し、それ以外はボランティアの担当だった。

これだけの車両が運行したのだから、当然多数の事故が発生した。東京五輪開催中のたった17日間で、大会関係車両が関係する公道での交通事故が、東京都内で111件も起きていたのだ。このうち人身事故は3件で、負傷者4名はいずれも軽傷だった。他に一時不停止や駐車違反などの交通違反が、50件あった。

警察関係者はこれについて「地方のドライバーが東京の道路や交通事情に慣れていないことが原因」とコメントしている。全国から集まったボランティアが道を覚える間もなく走れば、一方通行やUターン禁止などの違反が多発するのは目に見えていた。

そうした中で、ボランティアが運転する車の当て逃げ事故が発生した。8月1日、50代の男性が大会関係車両を運転中、首都高で車2台に相次いで追突したが、そのまま走り去ったとされている。うち1台に乗車していた女性2人が救急車で搬送された。車両は千葉県内で確保され、運転していた男性は「オリンピックのスタッフを送ることを優先した」と話したというが、一つ間違えば重大事故になりかねない事例だった。

このボランティアはそののち書類送検されたが、もちろん組織委が最後まで面倒を見てくれるわけもない。車両運転は重大事故に繋がる可能性があるのだから、ボランティアではなくプロドライバーに任せるべきではなかったか。それをケチってボランティアに任せ、事故が起きれば自己責任というのでは、ボランティアがあまりに哀れではないだろうか。

また、8月26日、パラリンピック開催中の選手村で、柔道の日本代表選手が自動運転中の巡回バスに接触・転倒し、出場を断念するという残念な事故があった。バスを提供していたトヨタ自動車の豊田社長は「パラリンピックという特殊環境の中で、目が見えない方がおられる、体の不自由な方がおられる、そこまでの環境に対応できなかった」と直ちに謝罪した。ただ事故当時、バスの停止・発進は、より安全を期すという目的で、ボランティアの目視で行われていた。この事故は、自動運転の難しさを改めて浮き彫りにした。

終　章

東京五輪、3度目の敗戦

†我が国は3度敗戦を経験した

　ここまで、東京五輪が内包していたさまざまな問題や事故を記してきた。この五輪のもたらした巨額の負債だけでも、敗戦と形容すべき酷さだと筆者は考えている。

・1945年　太平洋戦争の敗戦
・2011年　東電福島第一原発の事故
・2021年　コロナ禍での東京五輪強行開催

この東京五輪の失敗はそう対比されるくらい語り継がれ後世に影響を残すだろう。コロナ禍の感染爆発の中で強行開催された東京五輪は、開催意義が消滅した中で実施され、巨額の負債を残した。それは可視化できるものから精神的なものまで、多岐にわたる。

そしてこの開催は、日本にとって間違いなく「3度目の敗戦」であった。1945年8月15日の太平洋戦争の敗戦が初の国家的敗戦だとすると、2011年3月11日の東日本大震災における東京電力福島第一原子力発電所の事故は、戦後日本のエネルギー政策、すなわち原発を中心とする国家運営の破綻であり、第二の敗戦である。太平洋戦争時の敗戦との共通点は、一度決定が下されたら、どのような犠牲が生じても方針転換できないという思考の硬直性である。そして、その結果、どんなに甚大な被害が発生しても、誰も責任を取らないという、唾棄すべき無責任さである。

さらに福島第一原発事故との共通点も、重大事故が起きると予想されていたのにその対応を怠り、事故で発生した莫大な負債の責任を、誰も取らないところにある。東京五輪が巨額の負債を発生させることは開催数年前から分かっていたにも拘わらず、国や東京都、組織委、大手メディアは目先の欲に目が眩み、誰も中止を言い出さなかった。そしてそのまま、責任の所在を明らかにせず責任者たちは逃げ切ろうとしている。

†パンデミックが暴露したおぞましい姿

五輪・パラリンピック終了後の9月6日、橋本聖子組織委会長は両大会の総括記者会見を開き、「「大会が完全に成功したのか、しなかったのかは歴史が証明してくれると思っている」と述べた。新型コロナウイルスの感染拡大により緊急事態宣言下での開催となったが、「安全最優先の開催を実現し、大きな問題なく大会を終えられた」と手応えも語った。(毎日新聞、9月6日)」と述べている。

もしもコロナパンデミックがなければ、あらゆる矛盾を覆い隠したまま、巨大な感動ポルノの展示会として、五輪はつつがなく開催されただろう。しかし、今やそのメッキは完全に剝がれ、感染の恐怖におののく民意を無視してでも強行開催した「マネーファースト」のおぞましい姿が剝き出しになっている。

五輪は、84年のロサンゼルス大会以降商業化し、肥大化の一途を辿ってきた。テレビ放映権とスポンサー料、そして開催地の税金で巨大興行を開催する方式は、約40年をかけて完成していたのだ。

そして東京五輪は、そこに電通というメディア支配装置を組み込み、大手新聞社をスポンサーに取り込むことで、日本独特の「五輪翼賛プロパガンダ体制」を形成した。過去最高のスポンサー(67社)を集めながら、それでも開催費が足りずに兆円単位の税金を使いまくった。これは五輪の歴史の中でも、最もグロテスクな完成例として特筆されるだろう。

つまり五輪翼賛プロパガンダは、今回の東京五輪で、愚劣な進化の頂点となっていたのである。だが、前述したように開催意義さえ消滅していたのだから、国民の怨嗟の声を蹂躙してまで「五輪のようなニセモノ」を開催するなど、愚の骨頂であった。

†祝賀資本主義の醜悪な見本、東京五輪

五輪成功のためには国民生活を犠牲にすることも厭わない組織委の姿勢は、19年のサマータイム導入要請でも明らかだったが、その上さらに、五輪会期中の首都高料金を値上げして一般車両の流入を減らしたり、五輪関係者用に優先レーンを設けることで一般車両の利用を制限した。生活用道路の一部である首都高の利用を制限すれば、一般道が大渋滞し国民生活に大迷惑を及ぼすことなど、彼らにとってはどうでも良いことだったに違いない。さすがにここまで来ると、アメリカの政治学者ジュールズ・ボイコフが唱えた、五輪は「祝賀資本主義」を発生させるという説に同意せざるを得ない。

米国の政治学者で、バルセロナ五輪の米国サッカー代表でもあったボイコフ氏の唱えた「祝賀資本主義」とは、五輪などの祝賀的なイベントに乗じて、民間企業における資本の論理が、公共（国）による助成を受けて過度に加速するという原理である。その主張は概ね以下の通りであり、そのすべてが見事に東京五輪に当てはまる。以下にその理由を簡潔

に述べよう。

①例外状態の発生……統治機構が法を超越して決定権限を行使。非常事態だから何でも許されるという状態の発生。

五輪成功のためなら何をしても許されるという例外状態が蔓延した（関係者の入国条件の緩和等）。深刻なコロナ禍で国民の8割近くが開催に反対という民意を無視しても、政府は「人類がコロナに勝利したという証」のためにと称して、やみくもに五輪を開催しようとした。

②開催準備資金・リスクを公共が負担……民間資金活用を謳いながら、実際のリスクは公共が負う。

東京五輪の開催費用1兆6440億円のうち、組織委が自前で用意した資金は約7000億円で、残り約9000億円は国と東京都の税金である。さらに国は別途1兆600億円の国費を五輪目的に使用したと会計検査院に指摘されていて、東京都も別途約8000億円の予算を施設・道路整備管理費などに拠出している。つまり、公共の負担がなければ五輪開催は不可能だったのだ。

③スポンサー広告による熱狂醸成……巨大スポンサー企業による大々的な広告展開が国民の熱狂と支持を作り出す。

コロナ禍で若干印象が薄まったが、20年の正月から3月の延期発表までは、五輪スポンサーによる溢れるような広告が、様々な媒体で展開されていた。コロナがなければ、そのまま怒濤のような広告攻勢が展開されていただろう。

④開催を理由にしたセキュリティ強化……テロ対策を標榜しつつ、反対運動や会場周辺低所得層や路上生活者を排除。

対テロ対策は東京五輪の最重要課題の一つであり、その費用はほぼ青天井とされていた。入国の際の人体識別装置の開発には、スポンサー企業に対し多額の税金補助が行われていた。

⑤環境や社会貢献への喧伝……最先端のテクノロジー投入による環境負荷の低減を謳うが、実際はその逆の結果になる。

新国立競技場建設で国産木材の使用が喧伝されたが、実施には東南アジアで違法伐採された木材が大量に使用された。多方面での五輪の社会貢献も喧伝されてきたが、そのトップであった森喜朗会長は女性蔑視発言で辞任し、開会式の演出統括者も女性の容姿を侮辱したとして辞任した。組織委が標榜してきた男女平等やあらゆる差別への反対は、形ばかりであったことが示された。

⑥政治的スペクタクル（ショー）化……開閉会式、聖火リレーなどで開催国としての誇

り、素晴らしさを増幅し、ネガティブ情報を抹殺する。

反対が多い中で聖火リレーを強行し、NHKや開催地の民放テレビはその様子を中継。ただし、ランナー走行中に発せられた五輪反対の声は消音され、五輪反対プラカードを持った男性は「五輪憲章に反している」などと立ち退きを迫られた。まさに、ネガティブ情報は注意深く抑制されていたのだ。

一見して、すべてが東京五輪に見事に当てはまっていることが分かる。

本来、サマータイム導入や首都高の使用制限などは国会や東京都議会などで話し合われるべき重要案件だ。それなのに、なぜか組織委という限られた受益者が発案し、議会等の審議抜きで一方的に決定して、一般人はそれに従うことを強制しようとしたのだから、まさしく「民主主義の例外状態」が発生するのだ。筆者が反対してきた「商業イベントなのに無償ボランティアを働かせる」行為も、この例外状態に含まれるだろう。

†無敵の五輪ブランド構築とメディアの抱き込み

ボイコフ氏の祝賀資本主義論に今回の五輪からあえて付け加えることがあるとすれば、筆者は「五輪ブランド構築」と「メディアの徹底的な抱き込み」を提案したい。

言うまでもなく、五輪は巨大な商業イベントである。テレビ視聴者の数だけならサッカーワールドカップに及ばないが、参加する国とアスリートの数（東京大会は200か国、約1万人）、や競技数（33競技、339種目）は間違いなく最多であり、世界中で行われている様々なイベントの中でも最大である。

この巨大イベントを主催するのがIOCであるが、同団体は1984年のロサンゼルス大会から五輪の商業化に舵を切り、プロ選手の参加を解禁して話題性を高め、協賛企業からのスポンサー料とテレビ局からの莫大な放映権料をかき集めて巨額の収益をあげてきた。そして4年に一度、世界各地で夏と冬の大会を開催し続けるために構築したのが、その比類なきブランド力である。

そのブランド構築は今に始まったことではなく、84年のロサンゼルス大会で商業五輪になって以降、スムーズなスポンサー獲得のために営々と行われてきた。その代表的なものがオリンピック憲章の制定であるが、そこには、

「オリンピック・ムーブメントの目的は、いかなる差別をも伴うことなく、友情、連帯、フェアプレーの精神をもって相互に理解しあうオリンピック精神に基づいて行なわれるスポーツを通して青少年を教育することにより、平和でよりよい世界をつくることに貢献することにある」

とある。だがこれだけでは、世界中で4年に一度の巨大イベントを開催し続けるための

資金確保には不足なので、各開催都市はそれぞれ様々なテーマを掲げてきた。

東京五輪では「多様性と調和」をテーマに、
・ダイバーシティ&インクルージョン（共生社会の実現）
・持続可能性（気候変動、資源管理、生物多様性、人権）
・アクセシビリティ（障碍の有無にかかわらず、すべての人が参加できる五輪）
さらにジェンダー平等や、あらゆる差別への反対など、およそ人類社会が抱える問題すべてに対応できるような主張を掲げてきた。

その結果、世界中の様々な企業が標榜するスローガンと巧みにシンクロすることによって、スポンサーとして取り込むことが可能となった。これだけ理想を並べておけば、そのどれかには必ず引っかかる、と言うわけだ。

まるで五輪が世界を正しく導く万能装置かのような権威を纏い、開催国の国民の共感を集めて幻想を抱かせることで、巨額の資金を開催都市とその国に拠出させ、スポンサー企業を集めてきたのだ。

†閉会後も発生し続ける巨額の負債

五輪開催のために巨額の税金が投入されてきたのは何度も指摘したが、実は閉会後も、新たな負担が発生し続けることが分かっている。

その筆頭が、五輪の主会場となった「新国立競技場」（東京都新宿区）である。建設費1569億円を投じて建て替えられた。収容人数6万8000人は、旧国立競技場の5万4000人を大きく上回るが、その巨大さゆえに、大会後の運営委託先のメドが立っていない。

修繕費を含めた年間の維持費は約24億円で、旧国立競技場（年約8億円）の3倍である。委託先が決まらなければ、維持費はすべて国の負担、すなわち国民の負担となる。

さらに、東京五輪開催のために6つの競技会場が新設された。都は大会後も「東京大会のレガシー（遺産）」として活用するとしているが、これらの施設で黒字が見込めるのは、バレーボールが行われた「有明アリーナ」（東京都江東区）だけなのだ。

逆に、最も多額の赤字が出ると試算されているのが、水泳会場となった「東京アクアティクスセンター」（東京都江東区）だ。大会後は、水泳利用者など年間100万人の来場者と3億5000万円の収入を見込むが、水道光熱費や人件費など年間経費が9億8800万円かかるから、差し引き6億3800万円のマイナスとなる。しかもこれは、あくまで来場者が都の予想どおりになったとしての甘い計算だから、実際はさらに赤字が増えるだろう。次に赤字額が大きくなると予想されるのが、「カヌー・スラロームセンター」（東京都江戸川区）だ。競技人口自体が少ないため、年に1億8600万円の赤字になると予想されている。他の施設も、黒字になる可能性は低い。

これらの施設の収益計画はいずれも極めて脆弱で、赤字を垂れ流す「負のレガシー」となる可能性が極めて高い。招致段階では既存の施設を使用する「コンパクト五輪」などと言っていたが、それは完全に反故にされた。

東京都は、こうした万年赤字が予想される施設に対しては、赤字がかさむ前に、廃止を含めた解決策を考案しなければならない。だがそれとて数年かかり、その間の負債は、やはり東京都民が負わなければならない。五輪の負の遺産がいつまで残るのか、現時点ではまったく分かっていないのだ。

†翼賛プロパガンダに加担したメディアの大罪

各地で開催された聖火リレーは、緊急事態宣言が発令された県では公道を走れず、事実上の中止に追い込まれていった。だが、このもはや意味のない聖火リレーの内実を、批判的に報じた国内の大手メディアはほとんどなかった。朝日新聞などは「希望の灯火開始」などと、聖火ランナーに参加した人々の感動ポルノ的な記事を掲載し続けた。

また、国内のメディアのほとんどが、海外観光客の受け入れ中止を「感染可能性を考え

会場名	主な競技	総工費	年間維持費	大会後の年間収支見込み
国立競技場	陸上	1569億円	24億円	未定
東京アクアティクスセンター	水泳	567億円	9億8800万円	マイナス6億3800万円
カヌー・スラロームセンター	カヌー	78億円	3億4900万円	マイナス1億8600万円
海の森水上競技場	ボート	303億円	2億7100万円	マイナス1億5800万円
大井ホッケー競技場	ホッケー	48億円	1億4500万円	マイナス9200万円
夢の島公園アーチェリー場	アーチェリー	9億円	1500万円	マイナス1170万円
有明アリーナ	バレーボール	370億円	8億8900万円	3億5600万円

新設された会場の建設費と維持費（朝日新聞出版『アエラ』21年9月13日号によるまとめを参考にした）

ればやむを得ない」「次の焦点は国内観客の制限」などと肯定的に報じたのだから、驚きであった。インバウンド消失による経済的損失や、海外客との交流機会の消失という五輪の本質についてほとんど触れなかった大手メディアは、「海外客の受け入れ中止は、安全安心な五輪開催に向けての第一段階」的な寛容ムードの醸成に全力を挙げた。これも翼賛プロパガンダの仕掛けであった。

開催まで100日をきった頃、コロナ感染者が再び急激に増加していた。3度目の緊急事態宣言発令がなされ、大阪府は医療崩壊し、東京都の医療体制も五輪開催の負担に耐えられないと、多くの医療従事者が警告していた。

それなのに、全国紙5紙は五輪中止を勧告する記事を掲載しなかった。唯一、朝日新聞だけが5月26日、「夏の東京五輪　中止の決断を首相に求める」という社説を掲載したが、新聞社が五輪スポンサーになっていた悪影響が、この土壇場に来て、重くのしかかっていたのだ。

そして、これら大手紙の姿勢が垣間見える記事があった。『週刊ポスト』21年6月4日号（5月24日発売）が、五輪スポンサー企業に対して、開催に関する質問を行ったのだ。その中には当然、新聞社も入っていたので、彼らがどう答えたのか、筆者は注目した。質問項目は、

① 7月開催に賛成か
② 開催の場合は無観客にすべきと思うか
③ 有観客で開催の場合、社員に会場での観戦を推奨するか

というものだった。これに対する新聞各社の回答は以下の通りだった。

・読売新聞グループ本社「当社は「安全な大会の実現に万全を尽くすことが大切だ」と社説で繰り返し述べています。ただ、観客の有無については東京五輪・パラリンピック大会組織委員会の結論が出ていない段階で、お答えしかねます」

・毎日新聞社「新型コロナウイルス変異株による感染が拡大する中での東京２０２０オリンピック・パラリンピック競技大会の開催につきましては、選手やスタッフ、観客の安全が確保される一方で、医療体制に悪影響を与えることがあってはならないと考えており、5月1日付社説でも取りあげたところです」
・朝日新聞社「お答えをいたしかねます」
・日本経済新聞社「お答えはしません」
・産業経済新聞社「回答は差し控えさせていただきたいと存じます」
・北海道新聞社「ご回答を控えさせていただきます」

（NEWSポストセブン、21年5月28日号より抜粋）

かろうじて読売新聞と毎日新聞は回答しているが、いずれも肝心の7月開催の是非について、社としてどう考えているか答えていない。また、それ以外の社は何の回答もしていないのだから、言論と報道を旨とする立場を自ら捨てているに等しい。政府や組織委の暴走は、言論の府を自称する大手メディアによって間接的に支えられていた。まさに国民を欺く大罪であり、これこそ「東京五輪の負の遺産《レガシー》」の一つとして、長く歴史に刻まれることになるだろう。

†翼賛メディアの完敗

今回の五輪は、スポンサー企業の多さが話題になった。その中でも際立った特徴は、スポンサーの中に大手メディアが複数含まれていたことである。今回、電通は五輪の金集めのために、67社もの国内スポンサー企業を集め、3400億円（1年延期に伴い、21年に200億円を追加）の協賛金を集めたとされる。過去の五輪では一業種一社の原則があったが、それを反故にし、同一業種で何社でもスポンサーになれるようにした結果、大手新聞社6社（朝日・毎日・読売・日経・産経・北海道）が揃って協賛に名を連ねるという、極めて異常な事態となった。

報道を生業とする企業が五輪スポンサーとなったのは、過去に2000年のシドニー五輪でローカル紙があったくらいで、その国のオピニオンを代表する新聞社全社が協賛したことなど、まったく例がなかったからである。もちろん、これはメディアを取り込んで批判的な報道を封じようとした電通の思惑に、売り上げ減少に苦しむ新聞社がうかうかと乗っかった結果であった。

スポンサーとなった新聞社側の狙いは、五輪報道で競合他社に抜け駆けされないようにすることと、スポンサーの列に加わって翼賛報道を展開すれば、他のスポンサーからご祝儀広告が出稿され、必ず儲けられると予想したからだった。

ご祝儀広告とは、アスリートが金メダルなどの入賞を果たしたときに、スポンサー企業が「祝○○選手、メダルおめでとうございます！」などと打つ広告のことで、67社ものスポンサーがあれば、相当数のご祝儀広告があると期待していたはずだ。中には、別刷りの五輪特集紙面を企画していた社もあったに違いない。

だが、その期待はもろくも崩れた。それは、五輪開催直前になって、ワールドワイドパートナーのトヨタが、コロナ禍による世論の開催への批判の高まりを理由に、五輪に関する広告は一切出稿せず、開閉会式にも出席しないと宣言したからだった。

ワールドワイドパートナーとは、すでに述べたように、国内スポンサー（ゴールドパートナー、オフィシャルパートナー、オフィシャルサポーター）の67社とは別に、五輪開催がない年でも継続的にIOCに協賛している最上位スポンサーのことで、それぞれ複数年契約で年間100億円以上を拠出していると言われている。コカ・コーラやインテル、サムスンなどのグローバル企業13社が契約しており、そのうち日本企業はトヨタ、パナソニック、ブリヂストンの3社だが、トヨタを皮切りに他2社も、五輪に関係する広告出稿を相次いで取りやめた。この決断の影響は大きく、国内スポンサーの中にも、NTTやNECなど追随する企業が相次いだ。

こうした広告出稿中止の影響をもろに受けたのが、新聞社であった。スポンサーの中には、アサヒビールやみずほ銀行のように、テレビやネットCMは出稿するが、新聞広告は出稿しないという企業が続出した。これは、広告効果を検証して、テレビやネットCMの方が効果的と判断したからなのだが、新聞社にとっては大打撃となった。

朝日新聞を見てみると、7月23日の開会式の紙面こそはエネオスとオメガによる15段(1ページ全面)広告と全スポンサーによる連名広告15段があったものの、その後は日本選手の金メダルラッシュが続いたのにご祝儀広告は2回しかなく、閉会後の8月9日に、ようやく2社が15段広告を掲載した程度であった。

これでは、わざわざ20億〜30億円(推定)を払ってスポンサーとなったのに、もとを回収することなどまったく不可能であり、五輪を絶好の商機と捉えた各社の経営戦略は完全な失敗に終わったのだった。

†五輪という商業イベントの終わりの始まり

表面的には高視聴率にわいたテレビ局も、楽勝というわけではなかった。トヨタやパナソニックというビッグスポンサーが、五輪批判を憂慮してCM出稿をしないと決定したことが、他のスポンサー企業にも、出稿を自粛させる影響を与えたからだ。

民放各局の五輪特番を見ていても、本来なら五輪スポンサーのCMで埋め尽くされるはずが、五輪とは関係のない企業のCMも数多く見られた。トヨタなどの自粛で広告出稿を控えたスポンサー企業は多く、それ以外の企業のCMで枠を埋めなければならなかったのだ。

また、開催前はワイドショーなどで五輪への批判を報じながら、いざ大会が始まるとニュースの時間を削ってまでメダルだ、メダルだと騒ぎまくった姿勢が、視聴者から「ダブルスタンダードだ」と強い批判を浴びた。

雑誌メディアに関して言えば、五輪はほとんど広告に貢献しなかった。『週刊文春』『週刊ポスト』『アエラ』『女性自身』などは開催前から五輪批判記事を連続的に掲載しており、五輪に関する広告はほとんど掲載されなかった。雑誌メディアは、当初から五輪関連広告の出稿予定がほとんどなかったため、各誌がスポンサー企業に忖度する必要がなかったからだった。

かつての原発翼賛プロパガンダは、政府や電力会社が、あらゆる媒体に巨額の広告費を投下することによって成り立っていた。その広告費をもらう代わりに、メディアは原発批判を控えていたのだ。だが今回の五輪翼賛プロパガンダでは紙媒体の広告価値が下がったせいで、特に雑誌への広告出稿が激減した。それゆえ複数の雑誌メディアが五輪を自由に批判する記事を掲載できたのは、ある意味で皮肉であった。

以上のように、今回の東京五輪は、メディアやスポンサー企業双方にとって、期待していたほどの儲けを生まなかった。これは五輪というブランドの訴求力に陰りが生じていることの証であり、今後のスポンサー獲得に暗雲を投げかけたと言えるだろう。

また、巨額の協賛金を払いながら、消費者からの批判を恐れて広告を打つことすらできなかったワールドワイドパートナーの中には、IOCへの不信を募らせている企業もあると言われている。それらの企業は五輪の広告価値を再計算し、中には将来、スポンサーをやめるところも出てくるだろう。

さらに五輪終了後の9月18日、トヨタの豊田章男社長が鈴鹿市内で行われた会見で、国内の自動車レースがコロナ禍で相次いで中止となったことについて「五輪が許され、四輪や二輪は許されない。不公平と感じます」と発言し、話題となった。

国内の自動車レースは、F1シリーズの日本グランプリ（10月）、世界ラリー選手権「フォーラムエイト・ラリージャパン」（11月）が中止となっていた。豊田社長は「モータースポーツ（の出場者）もアスリートだ。同じアスリートなのに、どうして入国に対して許可が違うのか、開催の判断が違うのか」と疑問を投げかけた。五輪だけが特別扱いされる現状に、そのスポンサー企業の社長が疑義を唱えるなど、前代未聞であった。

そして、こうした動きは日本企業に限った話ではなかった。

7月27日、米国議会の公聴会で、米国のワールドワイドパートナー企業5社が22年2月に予定される北京冬季五輪への協賛をめぐって厳しい追及を受けた。ウイグル族迫害や、香港の民主派弾圧を強める中国で開催される五輪のスポンサードを、ボイコットすべきだと要求されたのだ。

このようなことが続けば、企業にとって大金を払って五輪に協賛するメリットは激減し、むしろ自社のブランドイメージを毀損することになりかねない。そうなると、巨額の協賛費を払う意味はなくなり、リスク回避のためには、むしろ五輪と距離を置いた方がよいという選択肢が生じてくる。ワールドワイドパートナー企業13社は、今回のオリパラ終了後、すぐにそのリスクに直面することになるのだ。

つまり、スポンサーにとって五輪が確実な儲け口であった時代は終わり、IOCにとっては、この東京五輪こそが「終わりの始まり」となった可能性が非常に高いのだ。

†五輪はオワコン

東京五輪は、メディアやスポンサーというステークホルダーたちにとって、明らかなターニングポイントとなった。さらに言えば、すでに世界中の人々から開催を拒否され、窮地に立たされつつある。

実際に、複数の都市が開催を競い合う形式も、今回の東京大会が最後になるのかもしれない。24年のパリ、28年のロサンゼルス、32年のブリスベンは立候補都市の競合がなかったため、すんなりと決まった。正確に言えば、24年はハンブルク、ローマ、ブダペストが立候補の意思表明をしていたが、いずれも住民の反対が強く、撤退したのだ。

開催によってその都市のインフラや環境を整備し、さらには開催国の経済に貢献するという五輪のロールモデルは、先進国ではもう機能しなくなっている。先進国の諸都市ではすでに各種インフラが整備されており、あらたな施設や交通機関の導入には、成果よりコストの方が高くつくことが共通認識となっている。たまにどこかの市長などが立候補を思いついても、費用を精査すれば恐ろしいほどのコストがかかることが、隠せなくなっている。つまり、五輪は完全にオワコンなのだ。

五輪開催には巨額の財政負担が必要なことが誰の目にも明らかになったことから、世界各地で五輪開催反対の住民投票が実施されてきた。中でも有名なのはアメリカのデンバーで、１９７６年の冬季五輪開催が決まっていたのに、72年の住民投票で反対多数で否決したのだ。一度は開催が決定したのになぜ反対派が多数になったのかというと、同年に開催された札幌五輪に、巨額の税金を投入したことが判明したからだといわれている。デンバー市民は、五輪のとんでもない現実を知って反対に回った。今回の五輪で東京都民も、3兆円の税金を突っ込む前に、そうすべきだったのだ。

さらに、世界では多くの都市が住民投票で開催を拒否している。近年ではドイツのハンブルク（2015年に住民投票で五輪招致を取り下げ）とミュンヘン（13年）、スイスのシオン（18年）、グラウビュンデン州（17年）、カナダのカルガリー（18年）、ポーランドのクラクフ（14年）などが反対多数で否決したが、さらに多くの国や都市が、やはり巨額の財政負担を懸念して立候補を取りやめている。少なくとも先進国で今後も五輪開催に手を挙げる都市は非常に少ないというのが、世界の潮流である。

その流れに乗り遅れ、3兆円とも4兆円ともいわれる税金を投入したのが東京である。東京が開催を争ったのはイスタンブールとマドリードだったが、彼らは招致に敗れて今頃ホッとしているのではないか。

ちなみに、「これからの五輪について日本は色々提案すべきだ」などという五輪関係者らの発言が散見されるが、そんな必要はまったくない。IOCに付き合って日本はとてつもない税金を投入させられ、国民は多大な迷惑を受けた。開催国に負担ばかり押しつけるオワコンに、これ以上付き合う必要はない。ましてや、30年の冬季五輪を札幌に誘致しようなどとは、愚の骨頂である。

†日本人にとって今回の五輪とは一体何だったのか

五輪に深く関与して、そのグロテスクなありように気づき発信した2人の発言を紹介しよう。

MIKIKO氏のメール（週刊文春、21年4月1日号）

「去年の6月に執行責任を任命され、全ての責任を負う覚悟でやってきました。どんな理不尽なことがあっても、言い訳をしないでやってきました。／それを一番近くで見てきたみなさんはどのような気持ちでこの進め方をされているのでしょうか？／（略）でも、またこのやり方を繰り返していることの怖さを私は訴えていかないと本当に日本は終わってしまうと思い、書きました」

本来であれば、MIKIKO氏は五輪開閉会式の最高責任者であった。彼女のプランはIOCにも絶賛されていたが、電通に忖度しなかったことで、その職を追われた。全身全霊を懸けて仕事に邁進していたのに、電通の意のままにならなかったことで、いつの間にかその職を解かれてしまった。

このメールは当時、一緒に仕事をしていた人々に送られたものだが、「このやり方を繰り返していることの怖さを私は訴えていかないと本当に日本は終わってしまう」という部分に、底知れない恐ろしさを感じる。

そしてこのメールを彼女に書かせた要因を作り、彼女の後釜に座った電通出身の佐々木宏氏も、女性タレントの容姿蔑視発言で責任者を辞任した。

ＪＯＣ山口理事の後悔「誰もが五輪が好き」はおごりと言っていい（朝日新聞デジタル、20年5月18日）

「東京五輪開催が決まってから、私たちは五輪の力や価値を過大評価していた。誰もが五輪が好きで、応援してくれるという感覚だ。おごりと言ってもいい。今夏の高校総体の中止が決まったとき、「努力は無駄にならない」「先の目標に向けてがんばろう」と発信するトップアスリートがいた。五輪が中止になっても同じように思えるだろうか。高校総体と五輪は違うと言うならば、それもおごりだ」

読んですぐ分かるとおり、山口理事は、ＪＯＣ関係者の中でも極めてまっとうな発言をする人だった。他の理事たちが軋轢を恐れてメディアにはほとんど登場しないのと異なり、積極的に表に出て、五輪の問題点を指摘する発言を繰り返した。その感覚は五輪ムラの住民ではなく、ごく普通の人の感覚と同じであった。それゆえか、彼女はＪＯＣ理事を任期満了で辞めている。彼女のような、まともな感覚の持ち主が辞めざるを得ないのが、ＪＯＣの実情をよく表している。

東京五輪の真のレガシーとは何か

本書で考察してきたように、東京五輪は「インバウンドという経済的意義」も「国際交流という精神的意義」も消滅し、さらには数々の不祥事で開催コンセプトすらも欺瞞であったことがはっきりした。

開催の根幹的意義が消滅したまま、連日連夜メディアが大騒ぎをして開催されたのは、社会的意義に乏しい「金食い虫の空疎で巨大な競技会」だったのだ。

ただの競技会なら、世界陸上やサッカーW杯などのような個別の大会がいくらでもあるのだから、わざわざ酷暑の中、2週間という短い期間に、膨大な税金を浪費して様々な競技を詰め込み、開催する必要などなかった。それをあえてやったのは、スポーツを見世物として世界中からカネを集めるためだった。

この無意味な競技会に、政府と東京都は3兆円以上の税金を浪費した。そこにさらに、無観客開催によって発生したチケット代900億円の返金や、追加のコロナ対策費など、数千億円規模の赤字が見込まれる。それらはすべて、都民または国民の税金で穴埋めすることになるのだ。だが、一部の興行主と企業だけが甘い汁を吸い、そのツケをすべて国民に回すような理不尽を、看過してよいはずがない。

途方もない額の税金を浪費し、国際社会に恥をさらし、感染拡大を招いた責任はどこにあるのか。これこそ、原発事故における事故調査委員会と同様の、強力な調査力を持つ第三者委員会を作り、国会の場で徹底的に検証すべきである。それをせずに既得権益層の逃げ切りを許せば、この国は何度でも同じ過ちを繰り返すだろう。

東京五輪とはいったい何だったのか。それはアスリートや日本国民のためではなく、IOCや電通をはじめとする、五輪貴族や特権階級のための催しではなかったか。

一部の権力者たちが決めた理不尽な方針を、国民があらゆる犠牲を払って完遂させられ、その後のツケも国民が払わされるが、権力者は誰も責任を取らない。太平洋戦争で具現化した、日本の宿痾たる「桁外れの無責任さ」は、戦後76年経っても脈々と生きていた。

だが、想像を超えるコロナ禍によって、彼らの所業の多くが白日の下にさらされることとなった。栄達と儲けを目論んだ多くの個人の悪行がバレて退場させられ、電通も痛手を受け、多くのスポンサー企業も売り上げ目標を達成できなかった。残ったのは巨額の借金だけで、政府や組織委が盛んに喧伝していた五輪の遺産《レガシー》など、残るべくもなかった。

日本の宿痾たる「無責任さ」の構造と責任の所在を解明し、責任者を厳しく処断することこそが、この東京大会が残す唯一の遺産となるのではないだろうか。

†4度目の敗戦を迎えないために

日本人は貧しい、しかし高貴である。

世界でどうしても生き延びて欲しい民族をただ一つあげるとしたら、それは日本人である。

ポール・クローデル

かつてこのような最大級の讃辞を我が国に贈ってくれたポール・クローデルがもし今回の東京五輪を見ていたら、どんな感想を漏らしただろうか。

ポール・クローデルは戦前（1921〜27年）、フランスの駐日大使を務めた外交官である。著名な劇作家、詩人でもあり、ロマン・ロランと同級生。この言葉は、太平洋戦争の最中の1943年、フランス・パリの晩餐会で彼がスピーチしたとされる。当時日本はフランスにとって敵国であり、そんな中で日本を賛美するというのは、相当な覚悟が必要だったはずだ。にも拘わらずこの発言をしたのは、彼の日本に対する深い理解と敬愛があったからだろう。

当時の日本はまだ貧しかったが、そこにはまだ凛とした美しさ、つつましやかな真面目さが存在していた。1964年の東京大会にも、廃墟となった戦争からの復興、国際社会への復帰という、国家にとっても国民にとっても重要な開催意義があった。

だが、2021年の東京五輪に、そうした精神的意義は何もなかった。つつましさや真面目さもなく、ただひたすら金を儲けたい、経済を回したいというグロテスクで巨大な欲望があるだけだった。国民の多くは開催意義の陳腐さに首をかしげながらも、その流れに乗ってしまった。

その結果、コロナ禍という予期せぬ障害もあって無観客開催となり、ただ一つの目的だった金儲けが不発に終わったどころか、想像を絶する負債だけが残る羽目になった。そして挙げ句の果てには、数千億円単位と予想される赤字を誰が負担するか、国と都が水面下で押しつけ合っている。だがこれは、酷暑下で熱中症患者が多発しても、コロナの感染爆発が起きても、医療現場が崩壊して死者が出ても、とにかく自分たちが金儲けできればいい、という独善的思考が招いた必然ではなかったか。こうした恐ろしいまでの無責任さがあるかぎり、日本人はまた同じ過ちを繰り返すに違いない。

二度とまたこのような敗戦をくりかえさないために、東京五輪がもたらした惨禍の徹底的な総括と責任追及をすることこそが、五輪後の私たち日本人、一人一人に課せられた使命ではないだろうか。

おわりに

２０１３年9月の招致決定中継を、筆者は複雑な思いで見ていた。57年ぶりの自国開催を素直に喜びたいという気持ちはわずかながらあったが、この五輪開催がとんでもない厄災になるのではないかという予感があったからだ。

その頃すでに、世界中で五輪を忌避する運動が盛んになっていた。アテネやリオ五輪の開催後、その巨額の開催費用が国家財政に深刻なダメージを与えていたから、日本もその轍を踏むのではという危惧もあった。一旦開催が決まれば、政官財をあげて五輪を徹底利用する事も容易に想像できたから、招致時の「７４００億円でできるコンパクト五輪」というスローガンも、胡散臭く思われた。それでも、まだ微かにコンパクト五輪という幻想を信じたいという思いはあった。

だが残念ながら、そうした思いは早々に消えていった。

当初は既存の施設を活用するとしていた開催計画も、国立競技場立て替えを除外すると6つの競技場の新設、東京以外の各地での試合開催など、コンパクト五輪への期待を真っ向から裏切っていったからだ。超過密都市である東京に新たな大型施設をつくるとすれば、それは利便性の悪い場所にならざるをえず、従って五輪後は赤字施設になることは自明である。果たして結果は心配していた通りとなった。いや、赤字額は想像を絶する巨額になったのだから、より一層悪くなったと言って良い。

また、2015年頃に発表された、11万人以上のボランティアを無償で使役するという方針表明にも、心底失望した。高給を得る人々が運営し、高額チケットを販売する有料のスポーツイベントなのに、なぜ善意の人々を無償で使おうとするのか。そうした矛盾への疑問と怒りが、本書を書く動機の一つになっている。

東京五輪を撤退するチャンスは、少なくとも3度あった。

最初は、2016年のV《ヴァージョン》1予算案発表時だ。開催費は7400億などではなく、1兆6000億〜1兆8000億円となることが明らかになった。もうこの時点で、開催するには巨額の税金投入が不可避なことが判明した。「コンパクト五輪」など不可能なことが分かったのだから、この時点で返上すべきだったのだ。

だが、政府や電通を中心とした五輪推進勢力は、この巨額の赤字を隠すために万全の体制を組んだ。本書で紹介した、大手メディアをも取り込んだ総翼賛体制の構築である。最初から赤字となることが明らかなイベントのために、巨額の血税を注ぎ込むことを、国家ぐるみで認めていたのだ。

この時点で、日本という国に、恐るべきモラルハザードが起きていた。ほとんどの国民に何の利益ももたらさないスポーツイベントに、兆円単位の血税を投入し、何の成果もなかった。さらには、コロナ禍の強行開催で医療崩壊まで引き起こしたのに、責任者たちは誰も責任を取ろうとしないどころか、あのイベントは成功だったなどと嘯《うそぶ》いている。まさに盗っ人猛々しいとはこのことだろう。

2度目の機会は、2020年、1年延期を決めたときだった。このとき止めていれば、少なくとも延期に伴う追加予算、約3000億円以上の無駄を阻止することができた。

そして3度目は、21年3月に海外からの観光客受け入れ中止を決めたときである。この瞬間に、期待していたインバウンド効果は消滅し、国際的な人的交流の機会も消えた。あらゆる開催意義が消滅したのに、コロナの脅威だけは確実に増していたのだから、この時点で止めるべきだったのだ。だが政府と組織委は、これらの機会をことごとく逃し続けた。

序章でも述べたが、東京五輪が開催された21年の夏は、全国で自宅療養中のコロナ患者が3万人を超え、死者も出ていた。救急車を呼んでも入院先が見つからず、何時間もたらい回しにされた挙げ句に自宅に戻されたり、自宅から搬送できずに待機扱いにされたりした人々が続出していた。だが自宅療養とは名ばかりで、自宅に放置されて死亡する人が続出していたのだ。一都三県は、完全に医療崩壊を起こしていたのである。推進派によって喧伝された「スポーツの力」など、何の役にも立たなかった。

そのような危機的状況の中で東京五輪は強行された。NHKと民放テレビ局は連日、朝から晩まで五輪競技を放送し、国民の危機的状況をきちんと報道しなかった。結果的に五輪は、自宅放置の惨状を隠すカムフラージュの役割を果たしたのだった。

国民の生命を危険に晒し、財産（税金）を掠《かす》め取っていった東京五輪が成功だったなどと、絶対に言えるはずがない。五輪を中止していれば、そこに割いた医療資源を医療現場に戻し、救えた命があったはずだ。また、このバカなイベントに投入した3兆円以上の税金は、他にもっと有用な活用ができたはずである。

本書では、東京五輪の問題点を簡潔に羅列することに重点を置いた。招致時の賄賂疑惑や膨大な赤字の検証など、個々に調査検証すべき問題点は多いが、それはまた次の機会に行いたい。

本書は、東京五輪を検証する期間が5年以上に及んだため、筆者が過去に書いた『東京五輪ボランティア問題アーカイブ1〜6（A-WAGON文庫）』、『電通巨大利権』（サイゾー）、『ブラックボランティア』（角川新書）、『世界』（岩波書店）などへの寄稿からも適宜引用している。

また、本書は実に多くの方々の協力により成り立っている。とりわけ、組織委や関係団体の内部情報をお寄せくださった方々に、篤く御礼申し上げたい。無責任の極みのような組織の中にも、良心を失わず勇気をもって告発をしてくれた人々がいたという事実は、かすかな救いを感じさせてくれた。

また、特にツイッターを通じて様々な情報を寄せてくれた、多くのフォロワーの方々にも御礼申し上げる。筆者のような、どこの組織にも属さない者にとって、複数のフォロワーが日々送ってくれた大量の情報は非常に有り難く、まるで数名のアシスタントを擁しているかのようだった。ＳＮＳの発達が本書の執筆を可能にしてくれたと言っても過言ではない。

昭和4年生まれで前回の東京五輪を体験した筆者の母は、57年ぶりの東京開催を見ずに3年前に旅立った。もし生きていたら、今回の五輪を見てどんな感想を抱いただろうか。私の愛するこの国が、二度と今回のような愚挙を犯さないことを、心から願っている。

２０２１年10月

本間 龍

2021年3月	海外観光客の五輪観戦を断念。
2021年5月	米ワシントン・ポスト紙がバッハIOC会長を「ぼったくり男爵」と揶揄。以降、日本国内でもこの呼び名が定着。
2021年7月	１都３県で無観客開催が決定。
2021年7月	開会式楽曲担当の小山田圭吾氏が過去のイジメ・虐待発覚で辞任。
2021年7月	開閉会式のディレクターの小林賢太郎氏が過去にユダヤ人ホロコーストを揶揄した不適切コントで解任。
2021年7月	東京五輪開催。
2021年8月	ボランティア用の食材13万食が破棄されていたとTBSが報道。
2021年8月	東京パラリンピック開催。
2021年8月	未使用のコロナ対策用医療関連機器500万円分を組織委が破棄していたことが発覚、組織委が謝罪。

東京五輪　関連年表

2013年9月	1963年以来、57年ぶりの東京大会招致決定。
2013年12月	猪瀬直樹都知事が徳洲会から5000万円の贈収賄疑惑で辞任。
2015年7月	新国立競技場建設ザハ案、膨大な予算が世論の反感を買い白紙撤回。
2015年9月	エンブレムのデザイン、ベルギーの劇場ロゴと酷似で撤回。
2015年12月	隈研吾氏による新国立競技場建設案が決定。
2016年12月	新国立競技場建設に伴い、都営住宅「霞ヶ丘アパート」撤去、住民強制立ち退き。
2017年8月	選手村用地が不当に安価な価格で売却されたとして、都民が東京都を提訴。
2019年1月	竹田恆和JOC会長の五輪招致をめぐる贈賄疑惑でフランス司法当局が捜査。
2019年4月	桜田義孝五輪担当大臣が「復興以上に議員が大事」の発言で辞任。
2019年6月	フランス当局の贈賄疑惑捜査で竹田JOC会長が退任
2019年11月	IOC、マラソン会場を猛暑の東京から札幌へ変更。
2020年3月	新型コロナ感染拡大の影響で、五輪史上初の1年延期。
2021年2月	森喜朗五輪組織委会長が女性蔑視の発言で辞任。
2021年3月	開閉会式の演出統括責任者である電通出身の佐々木宏氏が、女性タレントの侮辱演出で辞任。

●参考文献

アンドリュー・ジンバリスト、田端優〔訳〕『オリンピック経済幻想論――2020年東京五輪で日本が失うもの』ブックマン社、二〇一六年三月
江沢正雄、谷口源太郎、内山卓郎、渡辺隆一『長野五輪歓喜の決算――肥大化五輪への批判と提言』川辺書林、一九九八年四月
岡崎満義、杉山茂、上柿和生〔編集〕『東京2020――オリンピックの挽歌』創文企画、二〇二一年一〇月
小笠原博毅、山本敦久他『反東京オリンピック宣言』航思社、二〇一六年八月
小川勝『東京オリンピック――「問題」の核心は何か」集英社新書、二〇一六年八月
オリンピック東京大会組織委員会〔編〕『第十八回オリンピック競技大会　公式報告書』一九六六年
後藤逸郎『亡国の東京オリンピック』文藝春秋、二〇二一年九月
後藤逸郎『オリンピック・マネー――誰も知らない東京五輪の裏側』文春新書、二〇二〇年四月
ジュールズ・ボイコフ、井谷聡子、鵜飼哲、小笠原博毅〔監修〕『オリンピック　反対する側の論理――東京・パリ・ロスをつなぐ世界の反対運動』作品社、二〇二一年四月
ジュールズ・ボイコフ、中島由華〔訳〕『オリンピック秘史――120年の覇権と利権』早川書房、二〇一八年一月
田崎健太『電通とFIFA――サッカーに群がる男たち』光文社新書、二〇一六年二月
〈新聞〉
朝日新聞

毎日新聞
読賣新聞
日本経済新聞
産経新聞
東京新聞
〈雑誌〉
週刊文春
週刊ポスト
AERA
フライデー
女性自身
〈ネット関係〉
JBプレス
WEZZY
一月万冊

ちくま新書
1620

東京五輪《とうきょうごりん》の大罪《たいざい》
——政府《せいふ》・電通《でんつう》・メディア・IOC

二〇二一年一二月一〇日 第一刷発行

著者 本間 龍（ほんま・りゅう）

発行者 喜入冬子

発行所 株式会社 筑摩書房
東京都台東区蔵前二-五-三 郵便番号一一一-八七五五
電話番号〇三-五六八七-二六〇一（代表）

装幀者 間村俊一

印刷・製本 三松堂印刷 株式会社

ISBN978-4-480-07444-7 C0236